1万軒以上片づけた
プロが伝えたい

捨てるコツ

「イーブイ片付けチャンネル」
二見文直

ダイヤモンド社

最初にお伝えしたいことは、
あなたの家（部屋）は絶対に片づく
ということです。

「どこから手をつけていいのかわからない」
「やってもやっても、終わらない」
「片づけたのに、
ごちゃごちゃしていて落ち着かない」
「きれいになったと思ったら、
すぐにまた元通り…」

こんな悩みを持つあなたのために、
僕はこの本を書きました。

これまで1万軒以上の家にお邪魔しましたが、
天井までモノにあふれて床が抜けそうな家でも、
数日かけてきれいに片づけることができました。

多少時間がかかったとしても、**片づけは必ず終わります。**
どうか安心して
この本を読んでいただければと思います。

あなたが最初に捨てるのは、
片づけの不安や悩みです。

料理が上手な人もいれば、
「毎日のお弁当作りは正直しんどい」という人もいます。
車の運転が苦手という人もいます。
誰だって得意・不得意があります。

いや、もしかしたら
正しいやり方を知らないだけかもしれません
（実際、ほとんどこれが原因です）。
だから「だらしがないから」などと、
決して思わないでください。

1万軒以上の家を片づけてわかったことは、
どの家も**モノが多すぎる**ということです。

□片づけたいのに、どこから手をつけていいのかわからない
□片づけても終わらなくて、いつも片づけている
□片づけたのに、ごちゃごちゃしていて落ち着かない
□片づいたと思ったら、すぐにまた元通りになる

1つでもチェックがついた方は、
モノが多すぎることが原因です。
「最初の一歩」は捨てることです。
まずはこの本で捨てることに慣れてほしいと思っています。

依頼者さんが口を揃えておっしゃるのは
「もっと早くやればよかった」
という一言です。

僕は、さまざまな事情で
片づけの手伝いが必要な方々に寄り添い、
穏やかな生活と笑顔を取り戻すサポートを使命とした、
片づけ・清掃専門会社を２０１５年に設立しました。

２０１６年にスタートしたＹｏｕＴｕｂｅ
『イーブイ片付けチャンネル』は、
登録者数15万８千人を超える人気番組となり、
動画の総再生回数も７５００万回を超えました。
依頼者さんの家を片づける動画が中心で、
ありがたいことにたくさんの視聴者さんから
毎回温かいコメントをいただいています。

少しでいいので
「捨てる」を実践していただけたら
うれしいです。

この本を手に取ってくださったみなさんに、
僕からお願いがあります。
今こそ「捨てる」と向き合ってください。
そして、「捨てる」を楽しんでいただきたいのです。

ケガや病気、身近な人を失ったショックなどから、
片づけができなくなることもあります。
きれい好きの方や片づけが得意という方が、
ある日突然できなくなってしまったことも…。

依頼者さんから教えていただいたことも含め、
僕たちプロの知識や経験から導き出した
「捨てるコツ」を、すべてお伝えしたいと思います。

＼片づけたのに、ごちゃごちゃしている…／

こんなお宅はモノが多いかも

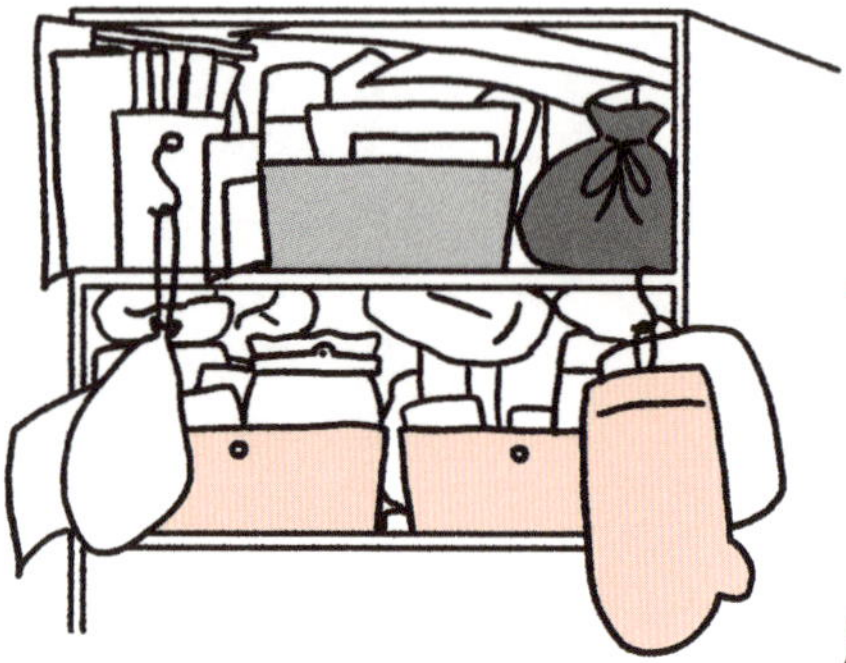

棚という棚からモノがはみ出している

S字フックで何でもぶら下げている

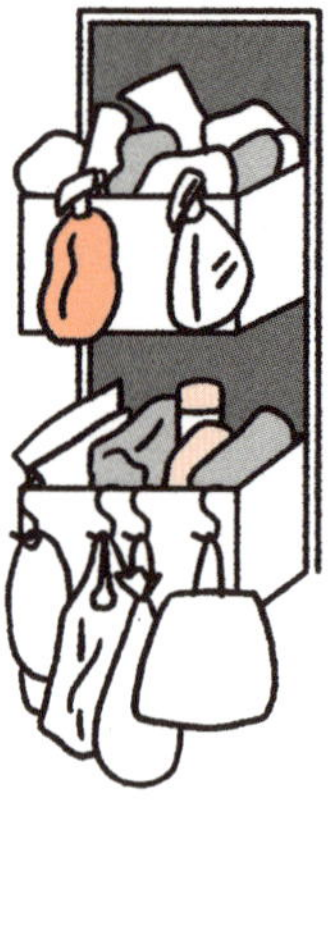

これ以上収納できない

パイプハンガーにも直接かけたり、ぶら下げたり

お菓子のカンカン、100円ショップのプラケース、箱や紙袋など「入れモノ」が多い

使うかもしれないので捨てられない

部屋のあちこちにモノが積み上がっている
いつも片づけているけれど…
置ける場所には何でも置いてるかも
片づけが終わらない…

収納の上にさらに棚や引き出し、カゴなど収納を乗せている
散らかっているわけじゃないのに、落ち着かない

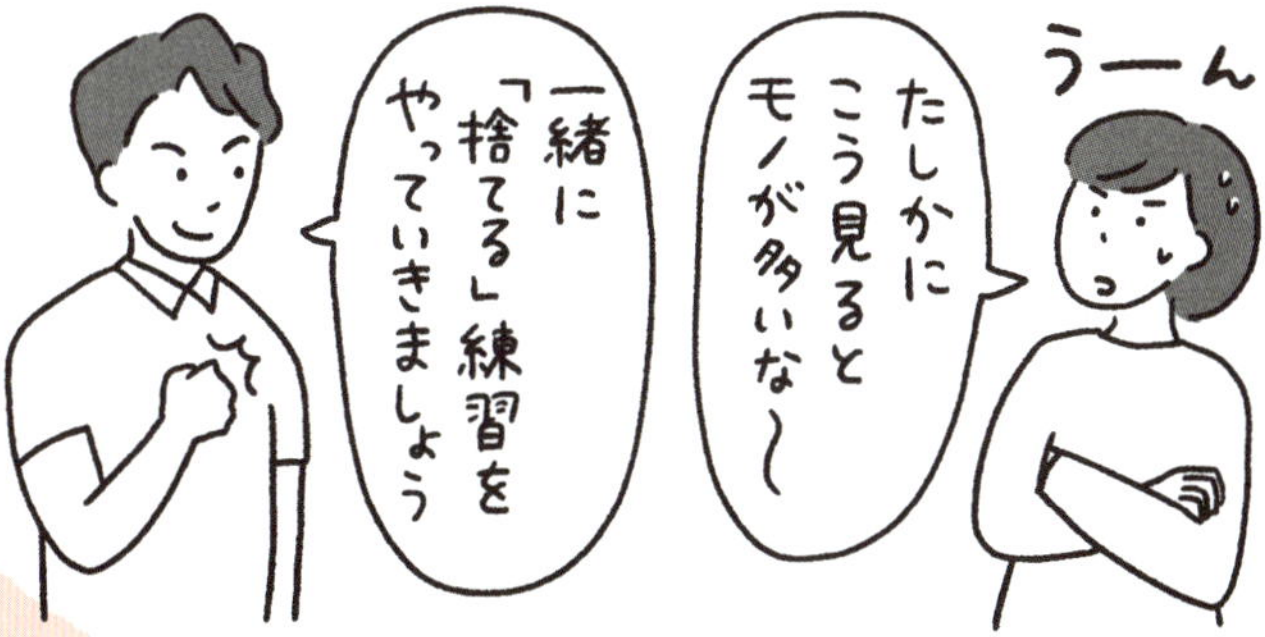
うーん
たしかにこう見るとモノが多いな〜
一緒に「捨てる」練習をやっていきましょう

この本で紹介する
捨てるコツの一部

一歩も動かずにやる
▶やり方は42ページに

ゴミ箱にいったん入れる
▶やり方は85ページに

出さずに「見てさわる」
▶やり方は54ページに

雑貨をやっつける
▶やり方は124ページに

「使ってから」捨てる
▶やり方は141ページに

「意外なアイテム」で練習する
▶やり方は145ページに

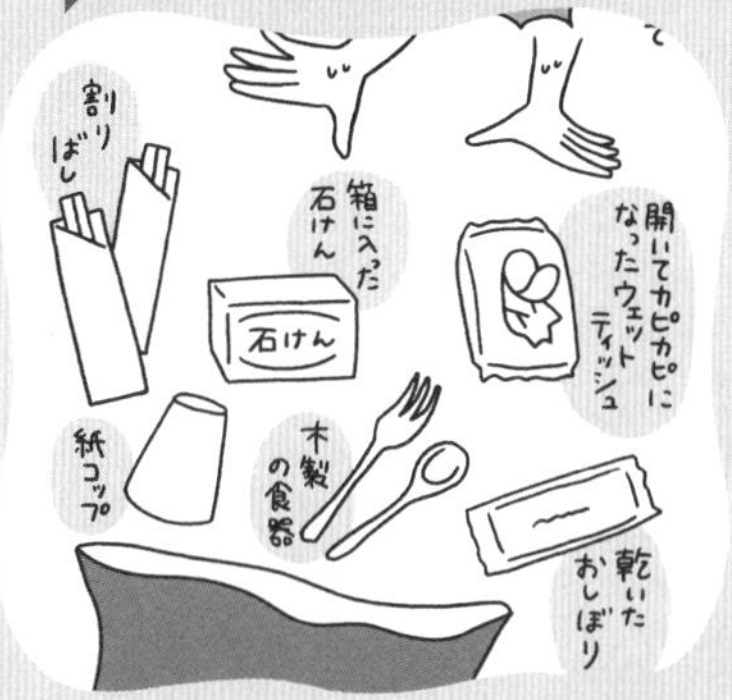

冷凍庫の奥の奥までチェックする
▶やり方は244ページに

実家のモノは勝手に捨てない
▶やり方は203ページに

5→3にする
▶やり方は254ページに

1万軒以上片づけたプロが伝えたい捨てるコツ　目次

第1章　まずは「捨てる」から始めましょう

第2章

これならできる！「捨てる」コツ

第3章 「なぜか手放せないモノ」を捨てるコツ

第4章

実家のモノを捨てるコツ

巻末特典

部屋（場所）別・捨てるコツ

この本では
捨てるモノは「モノ」
取っておくものは「もの」と
書き分けています

第1章

まずは「捨てる」から始めましょう

冒頭で紹介した片づけに関するお悩みの声、
これらには共通する問題があります。
ズバリ「モノが多すぎる」ということ。
モノがたくさんありすぎるから、片づけても片づかないのです。
整頓はできていてもスッキリしないのは、
ただ単純に量の問題なのです。
この章では、最初に押さえておきたい「捨てるコツ」を紹介します。

なぜ捨てないといけないのか

やっぱり、最初にこのことをお伝えしなければと思いました。

片づけは「捨てる」が第一歩、これは絶対です。

なぜ捨てるのか。**捨てる「目的」は空間を作ること**です。

スペースを空けるためなのです。

片づけが苦手な人でも、カフェのテーブルの上や、ビジネスホテルの部屋を、手がつけられないくらいに散らかしている人はまずいないと思います。必要なものだけがある空間、つまり必要なものしかない場所では、誰もが片づけられるのです。

しかし、モノが多すぎると、そうはいきません。

モノを整理・収納するスペースがないからです。だからこそ、スペースを作るために、まずは捨てなければならないのです。

この本を手に取ったみなさんは、捨てることがどちらかというと苦手な方が多いはずです。だからこそ、しっかりお伝えする必要があると感じました。

片づけが苦手という方の家で必ずといっていいほど出てくるのが、**「整理・収納本」**です。整理・収納はもっと先の話だったりします。

モノが多いお宅で「今の状態のままで整理・収納してください」と言われても、正直、プロの僕たちも困ってしまいます。いらないモノを処分してスペースが空いて初めて、整理・収納ができるようになります。

極論すれば**「使うかもしれないモノたちも、スペースを空けるためにいったん捨てる」**のです。この割り切りがすごく大事です。

目的が「空間を作ること」だと理解すれば、勇気を出して捨てられるはずです。

ぐちゃ・・・
キラ
キラ
ハア・・・
やる気ダウン・・・
どこから手をつけていいのやら・・・
目的は空間づくり！

最初の気持ちとスピードが大事

何かをやるときって、最初の気持ちとスピードが本当に大事です。

「もう先送りをやめて、捨てましょう」

こんなお話をYouTube配信したところ、大きな反響をいただきました。

何かを変えようとするときは、一気に勢いでやってしまう必要があります。ちょっとだけパワーがいりますが、やる気があれば乗り切れます。何かを「やろう！」と思った瞬間が一番やる気がある状態。これはチャンスです。

やる気があるうちに、無理やりでも「捨てる」。
とにかく手を動かして、「捨てる」に慣れる。

一緒に、ここから始めてみませんか？

今がチャンスです！
先送りをやめましょう
よし、今度こそ片づけよう！
スクッ

片づけの「順番」を間違えない

1万軒以上のお宅にお邪魔して気づいたのは、**「捨てる」を飛ばしてしまっているという事実**です。

部屋を**片づける順番は、**

①モノを減らすために捨てる

②整理・収納する

です。

なのに、依頼者さんたちは捨てることをせず、②整理・収納しようとして③挫折する、という悪循環に陥っていたのです。「捨てる」を飛ばしたため、どうすることもできず、大量のモノに囲まれて苦しんでいました。

これには理由があります。

依頼者の方のお宅には、たくさんの整理・収納の本がありました。

片づけ＝整理・収納だと勘違いしていたのです。

そして、どうすればいいか悩んだ末に、僕たちに助けを求めてこられたのです。

僕がこの本を書こうと思ったきっかけは、このような整理・収納の本をたくさん持っていて知識もあるのに、片づけができないと悩んでいる人たちを見てきたからです。

正しい順番で片づけなければ、いつまでたっても終わらないし、何度でもリバウンドしてしまいます。

だからこそ、早く「捨てる」に慣れていただきたいのです。

入らないな…
どうしよう
あれはどこに
片づけよう
あとそれは…
パン
パン！
まずは
「捨てる」こと！
「整理」「収納」はその後です！

まずは「捨てる」。それ以外はやらない

メルカリに出品したり、リサイクルショップに持っていったり、人に譲ったりするというのが「正義」みたいに言われています。たしかに、そのほうが環境にも優しいですし、周囲からの印象もいいでしょう。

でも、あえてお伝えします。

「売る」「譲る」は、いったん忘れてください。

もったいないと思っても、勇気を出して捨ててください。

最初の一歩は、捨てることです。これ、絶対です。

捨てることと向き合わなければ、片づけは終わりません。

まずは徹底的に捨てる。一気に勢いでやってみる。

もったいないと思っても、えいやっと目を閉じてゴミ袋に捨てるのです。

多少ガマンしても、**変わるためには捨てるしかありません。**

「捨てる」は8割が気持ちの問題です。あとの2割は慣れです。

気持ちを乗り越えれば、誰もが捨てられるようになります。

僕たちの動画を見てもらえばわかりますが、天井までモノでパンパンのお宅でも、最後はきれいになります。僕たちの動画を見て「やればできる！」というイメージを持っていただくのもおすすめです。

勇気を出して
捨てる！
リサイクルに出せば…！
あの人にあげようか…
でも…
入れてよ〜
ぐぬぬ

超シンプルな「捨てる」の3ステップ

さっそく「捨てる」のやり方を説明しましょう。トイレをすませ、ゴミ袋を準備します。

①まずゴミ袋を手に持つ（取りあえず家にあるものでOK）

②捨てるモノだけを、どんどん拾ってゴミ袋に入れていく

③絶対にそこから動かず、1カ所集中でやる

ここでやってはいけないのは、「捨てる」以外のことを考えること。

「かわいいな」「使うものだな」などと、いるものを**選別することはNG**です。

「残すものを決めるほうがラクじゃないですか?」という意見もあります。

たしかにそういう意見もありますが、最初の「捨てる」ではおすすめしません。

「このぬいぐるみ、あの棚の上に飾ろう」などと思うと、棚のほうに歩いてぬいぐるみを置きます。この瞬間、頭の中から「捨てる」が消えてしまいます。

つまり、残すものに意識が向くと、整理・収納や片づけのほうに意識が向いてしまい、注意散漫になってしまうのです。この何気ない「気が散る行動」が、捨てる邪魔となり、せっかくのやる気と集中力が切れてしまいます。

捨てると決めたからには、捨てることにだけ集中する。

これが超シンプルな「捨てる」コツです。

① ゴミ袋を手に持つ

② 捨てるモノだけをゴミ袋にどんどん入れていく

③ 絶対にそこから動かない!

1カ所集中で

慣れるまでは「仕分け」禁止

特におすすめしないのが、**仕分け**です。

スペースがないのに、いきなり仕分け作業をしてしまい、ベッドや床が服だらけで収拾がつかない。これでは片づけは進むどころか、**前より散らかって終わり**です。

スペースを空けて初めて、いる・いらないの仕分け作業ができます。

モノが多すぎる状態で仕分けをしても、結局、ぐちゃぐちゃになるだけです。

だから**今は捨てることに集中すると決めます。**

あと、仕分け作業は頭を使うので、それだけで疲れてしまいます。

「疲れている割には片づいていない」と、がっかりした経験、誰もが一度はあるでしょう。片づけが苦手だからではなく、やり方を間違えていただけなのです。

え〜〜〜と
あそこを
片づけて
ん？
それから
え〜〜〜っと…
？…
？…
？…
？…
え？
先やってよ〜
"捨てる"以外は考えない！
捨てることに
集中しましょう

絶対にそこから一歩も動かない

捨てる作業をするときは、**絶対にそこから動かない**ことも重要なポイントです。例えば、テーブルの上のモノを捨てるとします。何があってもこの1カ所、テーブルの上のモノを捨て終わるまでは一歩も動かないと決めて、捨てるモノをひたすら袋に入れていきます。

ゴミの分別についても、考えると手が止まってしまうので、いったん同じゴミ袋にポンポン入れていきます。ゴミの分別に慣れている人であれば、「燃やせるごみ」「それ以外」の2つのゴミ袋を用意してもいいですが、目の前の捨てることに集中したいので、**「捨てる」以外に脳みそを使わない**ようにします。ゴミの分別は後でやりましょう。

「ここまで徹底的にやるの？」と驚く人もいますが、捨てると決めて強い気持ちで「捨てる」を実行するためには、ここまで徹底してやる必要があります。
捨てることに集中することで、自然と捨てることに慣れてきます。

注意散漫で不注意なタイプの人、飽きっぽい人は、タイマーを使って時間を決めてやってみてください。机の上など、動かずに集中して1カ所やるときの**おすすめは15分**ですが、5分ぐらいから始めてもいいでしょう。

タイマーはスマホのアプリ（機能）**を使ってください**。

「タイマーを使って」とお伝えすると、「わかりました！」と100円ショップでタイマーを買ってくる人がいますが、これはNG。モノが増えて本末転倒です。

「モチベーションを上げるためにも、（モノを買って）形から入りたい」という気持ちはわかりますが、ここはグッとこらえて今あるものや使えるものを活用しましょう。

ポイ
ポイ
タイマー設定
02:14

「いらないモノはない」と思ったら

何を捨てればいいかわからず、手が止まってしまったら、次の基準でやってみてください。

例えばテーブルの上であれば、以下のモノから処分しましょう。

〈すぐに捨てるモノ〉

・**ちょっとしか入っていないモノ**（1、2個だけ入っているお菓子の袋、あと1回分も残っていない洗剤など）

・**なくても困らないモノ**（チラシ、ＤＭ、レシート類）

〈勇気を出して捨てるモノ〉

・**「使えそう」だけど使わないモノ**（コンビニの小袋、クッキー缶、小袋の醤油、割引券）

・**タダで手に入れた使っていないモノ**（景品エコバッグやマグカップ、うちわ）

〈もったいないと思っても捨てるモノ〉

・**なんとなく置いてある「予備風」のモノ**（普段使っているもの以外で、2個以上あり使っていないモノ。ボールペンや便箋・封筒、電卓、ハサミなど）

・**高かったけれど、使っていないモノ**（肌に合わない化粧品、飲んでいないサプリ、ボロボロだったり、シミがついたりしているブランドポーチ）

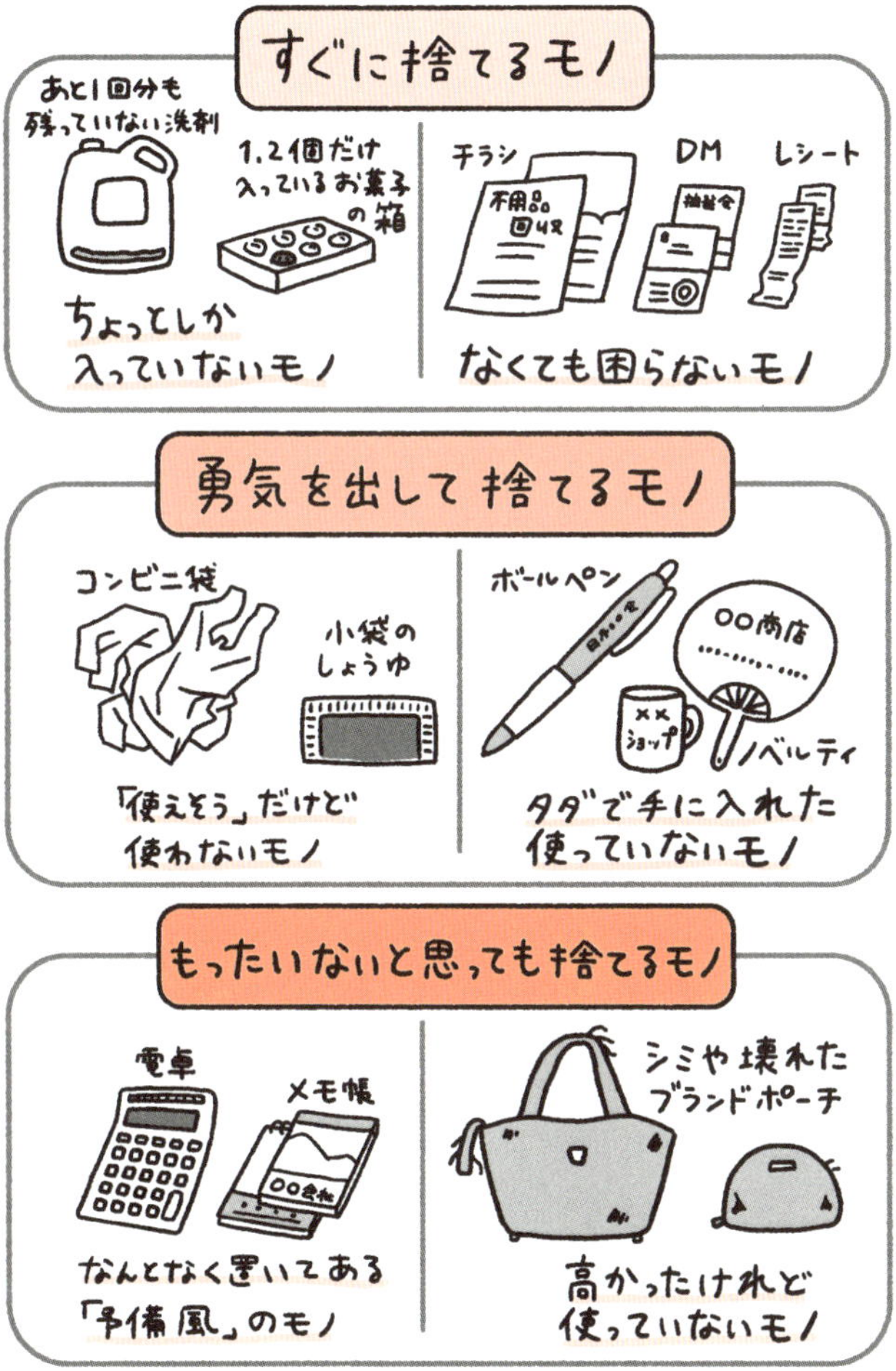
すぐに捨てるモノ
あと1回分も残っていない洗剤
1、2個だけ入っているお菓子の箱
ちょっとしか入っていないモノ
チラシ
不用品回収
DM
抽選会
レシート
なくても困らないモノ
勇気を出して捨てるモノ
コンビニ袋
小袋のしょうゆ
「使えそう」だけど使わないモノ
ボールペン
〇〇商店
××ショップ
ノベルティ
タダで手に入れた使っていないモノ
もったいないと思っても捨てるモノ
電卓
メモ帳
〇〇会社
なんとなく置いてある「予備風」のモノ
シミや壊れたブランドポーチ
高かったけれど使っていないモノ

「しにくい品」は迷わず処分する

「しにくい品」とは、お気に入りではないモノのことです。

どこの部屋にもたくさんあるので、特に意識して捨てましょう。

「後で必要になったときに買い直せばいい」くらいの割り切りで、目に入ったモノはすべて捨てるくらいの強い気持ちで捨てていくのです。

ちなみに、ほとんどのお宅はお気に入りの**「一軍品」で十分なので、「しにくい品」を買い直すことはまずありません**。

「しにくい品」には、それなりの理由があります。

「実は使いにくい」（100円ショップで買った小さな引き出し、マルチケーブル、ハンディモップ、小さいほうきとちりとりなど）

「実は洗いにくい」（大容量の水筒〈ウォーターボトル〉や細口グラスなど）

「実は収納しにくい」（ホットプレートやロングブーツなど）

ほかにも「チクチクする」「太って見える」セーター、重くて出し入れが面倒な掃除用具、度が合わなくなって見えないメガネなど、「しにくい品」には、何らかのストレスを感じる部分があるはずです。

これらを捨てることは、**家の中の小さなストレスを取り除く作業です**。

「ウチには捨てるモノは1個もない」

そう思ったら、「しにくい品」かどうかチェックしましょう。

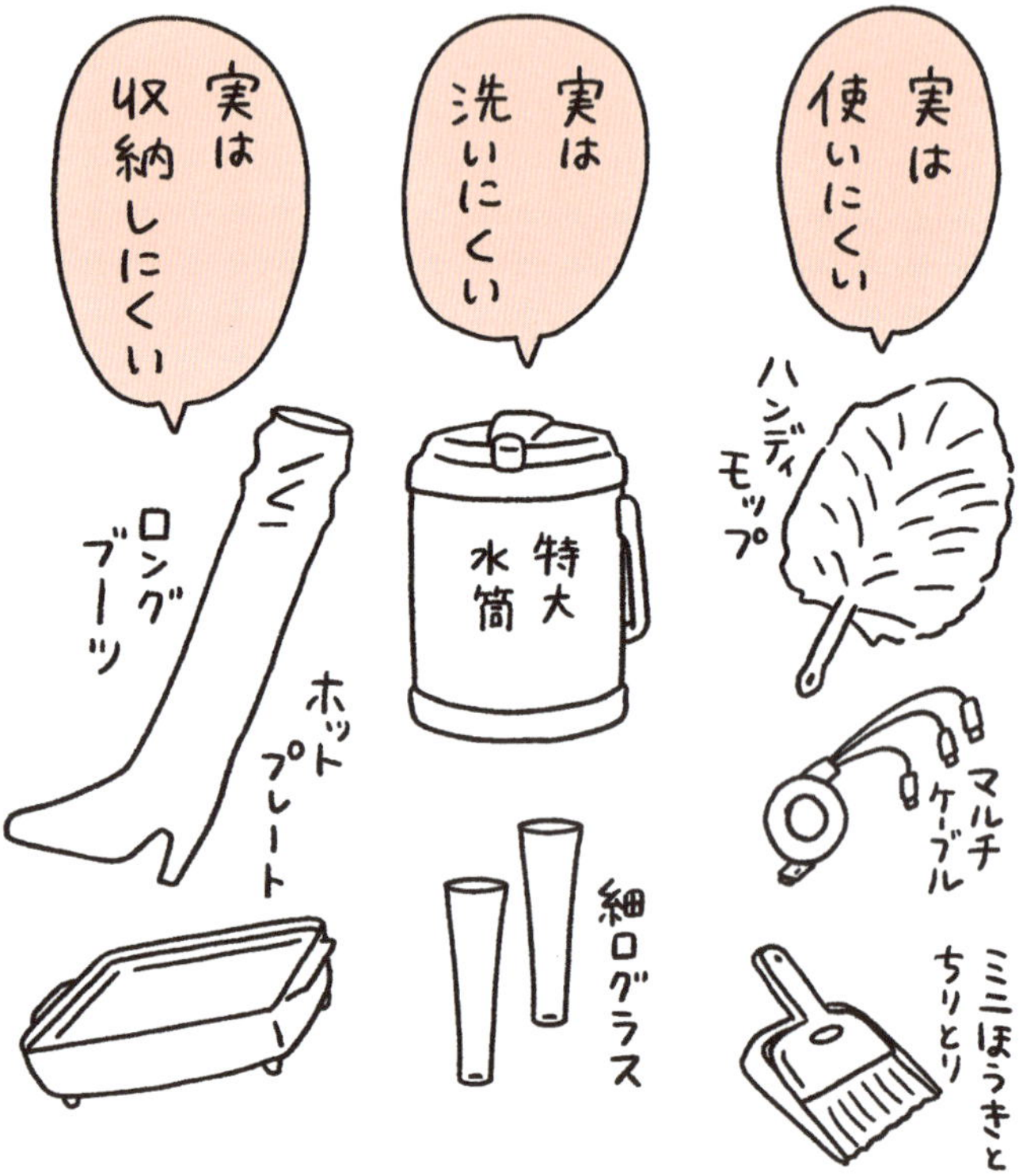

全部捨てましょう!

家の中の小さなストレスを取り除きましょう!

洋服は何を捨てたらいいか

「洋服を減らしたいです」という女性の依頼者さんからのリクエストは多いです。

この悩みをお持ちの方は、**100%ハンガーラックで「かける収納」**をしています。服が増殖し、ハンガーラックも追加し、ラックの横にフックをつけてさらに服をかけるなど工夫しているのですが、いよいよ置き場もなくなり……。よく見かけます。

こだわりもあると思いますので、最終的にはご自身で決めていただくしかありません。ですが経験上、次のような服は「捨てる」ことがほとんどですので紹介します。

□（今は）似合わない

服は、迷ったら、その場で着て鏡を見てください。**全身自撮り**もおすすめです。

特に二次会のドレスやワンピースは「あれ？　似合わないな」と思って捨てる方が多いです。**色や形が流行遅れのものも、着るとわかります**。

□（服が）色あせ・変色している

色あせた服、日に焼けて変色した服は迷わず処分しましょう。よくあるのは、白い服が黄ばんでいるものと、**黒い服がオレンジ色になってしまっている**ものです。

□重い（から着ていない）

革ジャンや毛皮、ムートンコートやピーコートは重いから着ていない方がほとんど。たいてい「クリーニング代が高いのであきらめます」と言って捨てられます。

□やたらとかさばる（から着ていない）

「重い」に近いですが、かさばる服も意外と着ていないことが多いです。

モコモコのニットや裏起毛のビッグフーディー（パーカー）などは、毛がつくのがイヤ、コートやダウンジャケットと重ね着ができないといった理由から、着るタイミングを逃してシーズンを終えてしまうことも……。ハンガーラックの幅を取るため、「ずっと邪魔だなと思っていたので、捨ててスッキリしました」という声もよく聞きます。

似合わない服は捨てる!
わ――似合わな――い
10年前のおしゃれ着
他にもこんな服は捨てどきかも
モコモコニット
重たい服
日焼けした服

出さないで、全部見る

整理・収納の本によく書かれているのは、「家の中にある荷物を必ず全部出して」というもの。実はこれ、**モノが多いお宅では危険な行為です**。

依頼者さんのお宅でよく見かけるのは、クローゼットや物置など収納の前にモノが山積みになっている光景です。聞くとみなさん「今度こそ片づけると全部出してみたんですが、どうすればいいかわからなくなって、そのままになっちゃっています」とおっしゃいます。

モノを出すだけで大仕事です。
高いところのモノはイスに乗って手を伸ばして出さないといけません。
すべてを出し終えたところで、ほとんどの人は力尽きてしまうのではないでしょうか。疲れ切ってしまい、片づけどころではなくなります。

なのでモノは全部出さなくて大丈夫です。

コツは全部**出すのではなく、全部見ること**です。

必ず目視（目で確認）します。スーパーの店員さんが在庫を**1つずつ指差しや手で触って確認**する、棚卸しや検品作業と同じです。

さっそく試してほしいのが、**冷蔵庫**や乾物、レトルトや缶詰などの**「食品」が置いてあるスペース**です。**賞味期限をすべてチェックし、過ぎているモノを処分します。**

単純作業なのですぐにできます。店員さんになりきってやってみてください。

そのほかの場所では、引き出しや戸棚を開けて、**1つずつ触って確認**。

- **いつ使ったか思い出せない**
- **正直、あまり好きじゃない**

・本当は使いにくいと思っている
・買った記憶すらない
といったモノを、ゴミ袋に取りあえず入れるのです。
ストレスや違和感を覚えるモノは即捨てるのがコツです。

特に、洋服や靴は、虫食いや素材の劣化などでボロボロになってしまっていることがあります。これは目で確認し、手で触って、使えないモノはお役目終了ということで「今までありがとう」と感謝しながら捨てましょう。

ゴミの日をチェックした上で、「毎月第2日曜はわが家の棚卸し作業デー」などと決めて定期的におこなうのもおすすめです。

ここは備品!
ドサッ
ガムテープが3個とハサミが2丁、ペンが10本!
全部出したけどどうしよう…

「捨てる練習」はどこからやればいいか

1カ所だけ「捨てる」ときは、次の場所から始めるのがおすすめです。

1．普段、長くいない場所

2．特にこだわりや思い入れのない場所

僕がおすすめするのは前の項で紹介した「パントリー」、食べ物が置いてある場所です。キッチンの下の棚やレンジや冷蔵庫の近くのスペースでもOK。

賞味期限が切れているモノ、袋が開いていて中の食品の色が変わっているモノなど、食べ物は捨てるモノがはっきりしているのでやりやすいからです。

「年に1回、**保存庫のすべての賞味期限を見る日**を決めている」という依頼者さんがいます。

その日のランチは「保存食の試食会」として、家族で缶詰やパックごはんを食べるのだそうです。フルーツの缶詰など甘いものもあるので、お子さんたちも「試食会」を楽しんでいるようです。

あとは、**「玄関」**です。滞在時間が短く、普段使っているものが決まっているため、いらないモノを決めやすい。傘など「二軍品」が多いので、捨てるモノもそれなりにあるので、練習するにはもってこいの場所です。

玄関が片づくと気持ちいいですしね。

靴が好きでこだわりがある人におすすめなのは、「トイレ」です。トイレはそれほど大量のモノが置いていないのと、思い入れのない人がほとんどなので、捨てる練習にはいいでしょう。

逆に言えば

・**いつもいる場所**（リビングなど）

・こだわりの多い場所（クローゼットなど）

・思い入れがある場所（コレクション棚など）

といった場所は、「二軍品」が少なく捨てる判断がつきにくく時間がかかるので、後回しにしましょう。

先ほど洋服の捨て方についてお伝えしましたが、洋服をたくさん持っている方はまだやらなくていいかもしれません。

「捨てる練習」は、必要ないモノが家中にあることに気づくことからスタートします。

「思い出せない」「買った記憶すらない」モノを発見し、手放していく。

この作業が実はとても大事なので、長くいない場所や、こだわりや思い入れのない場所から始めることに意味があるのです。

やがて捨てることに慣れてくると、自分にとって今必要なものを**見極める力**がつきます。見極める力がついたところでクローゼットに取りかかるのがベストです。

最後のお楽しみとして取っておきましょう。

食品置き場
普段、長くいない場所やこだわりがないところからやりましょう
賞味期限3年前だった〜
うわあ
ポイ
NG
いつもいる場所
こだわりの多い場所
思い入れのある場所

プロも一気には片づけない

「途中までやってみたものの、どうしていいかわからなくなって余計に散らかってしまい、とうとう手がつけられなくなってしまいました」というお悩みをよく耳にします。

一番やってはいけないのは、部屋中を一気にやろうとすることです。

「捨てる」に慣れていないうちにやってしまうと、**ほぼ100%挫折します**。

一気にやっていいのは、片づけが大好きで普段からモノを捨てている人だけ。

僕たちプロも、一気に片づけをしません。

何人かで手分けして2、3時間で作業を終えるので、一気に片づけているかのように見えるのですが、一人ひとりの動きを見ると違います。それぞれのメンバーは、目の前のスペースを集中して片づけて、1部屋ずつ終えるイメージで進めているのです。

とりあえずクローゼットの中を全部出したんです
どっさり!
ぐすん…
プロも片づけは1カ所ずつなんですよ〜
まずはココに集中!

弟が教えてくれた、おすすめの「練習」場所

僕と一緒に働いていた弟のノブがおすすめするのは、**部屋の角（かど）**です。

角に置きっぱなしのダンボールや書類などを処分し、不要なモノを一気に処分。「捨てる」が終わったら、角の床をピカピカに磨きます。じゅうたんであれば掃除機をしっかりかける。

すると、**部屋の片隅が新築のようにきれいになるので、ものすごくやる気が出る**のだそうです。

自分ががんばった成果が、目に見えてわかるというのはいいですよね。

ぜひやってみてください。

ピカー
角だけでも達成感!!

捨てる前に買ってはいけないもの

14ページで「モノが多いお宅」の特徴として、箱やカンカン、紙袋やカゴ、100円ショップのプラスチックケースなど、やたらと収納グッズが多いことをあげました。

モノが多くて困っている依頼者さんがやってしまいがちなことの第1位は、**捨てる前に収納グッズや家具を買ってしまうこと**です。これは**絶対にNG**です。

部屋を片づける前に、大きなソファを購入された依頼者さんがいました。足の踏み場もない部屋にソファが届いてしまい、設置するどころか置き場もなく、玄関を入ってすぐのところに、ダンボールのまま放置されていました。

なぜ先に収納や家具など、大きなモノを買ってしまうのでしょうか。

ソファを買った依頼者さんは、ずっと片づけようと思っていたそうです。

「自分で家具（ソファ）を買ったら、それがキッカケで（片づけを）やるかなと思ったけど、結局はできなかった」とおっしゃっていました。

「なんとかせねば！」と行動を起こした依頼者さんの気持ち、みなさんもわかると思います。収納グッズを先に買う方も同じ。みなさん、**不安を解消し、問題を解決しようという強い思いで収納を買ってしまった**のです。

その結果、余計にモノが増えてしまい、どうしたらいいかわからなくなってしまう。本当にやってしまいがちなので、ご注意ください。

びっしり収納
気持ちはわかりますが
捨てる前に収納グッズを
買うのはNGです
?
もう置けない!?

「入れモノ」を処分すると、捨てるスピードが一気に上がる

先ほどの話にもつながりますが、収納グッズに限らず**空き箱や缶、バッグや紙袋など「何かを入れるモノ」を処分すると、捨てるスピードが一気に上がります**。

100円ショップで大量の収納グッズを買ってしまった依頼者さんは、**『捨てる』という行為を先送りしていた事実に気づいた**」とおっしゃっていました。

そして「ちゃんと向き合います、モノをしっかり減らします」と言い、最終的には収納グッズをすべて処分しました。

先送りしている罪悪感、片づけられるのかなという不安、全部置いておきたいという執着心といったネガティブな感情も一緒に手放せるからなのでしょうか。「入れるモノ」を捨てると、それだけで気持ちがラクになるそうです。

「良い意味であきらめがついた」とおっしゃる依頼者さんもいました。

また、場所を空ける、空間を作るために捨てるということで言えば、最初に**婚礼家具**を捨てる方も増えています。

「婚礼家具は大きいので置き場所も限られてしまうし、奥行きがあって使いにくい。思い切って捨てたら、部屋が一気に片づきました！」

「中に入れていたモノの置き場に困るかと思ったら、どれも使っていないモノでした。見えないところに隠していただけなので一気に処分しました」

「親への感謝を忘れないよう、桐だんすの前で記念写真を撮ってから業者さんに引き取ってもらいました。家具の大きさと同じくらい、たくさんのモノを背負っていたようで、手放したら身も心も軽くなりました」

片づける前に収納グッズや新しい家具を買おうと思ったら、この話を思い出していただけるとうれしいです。

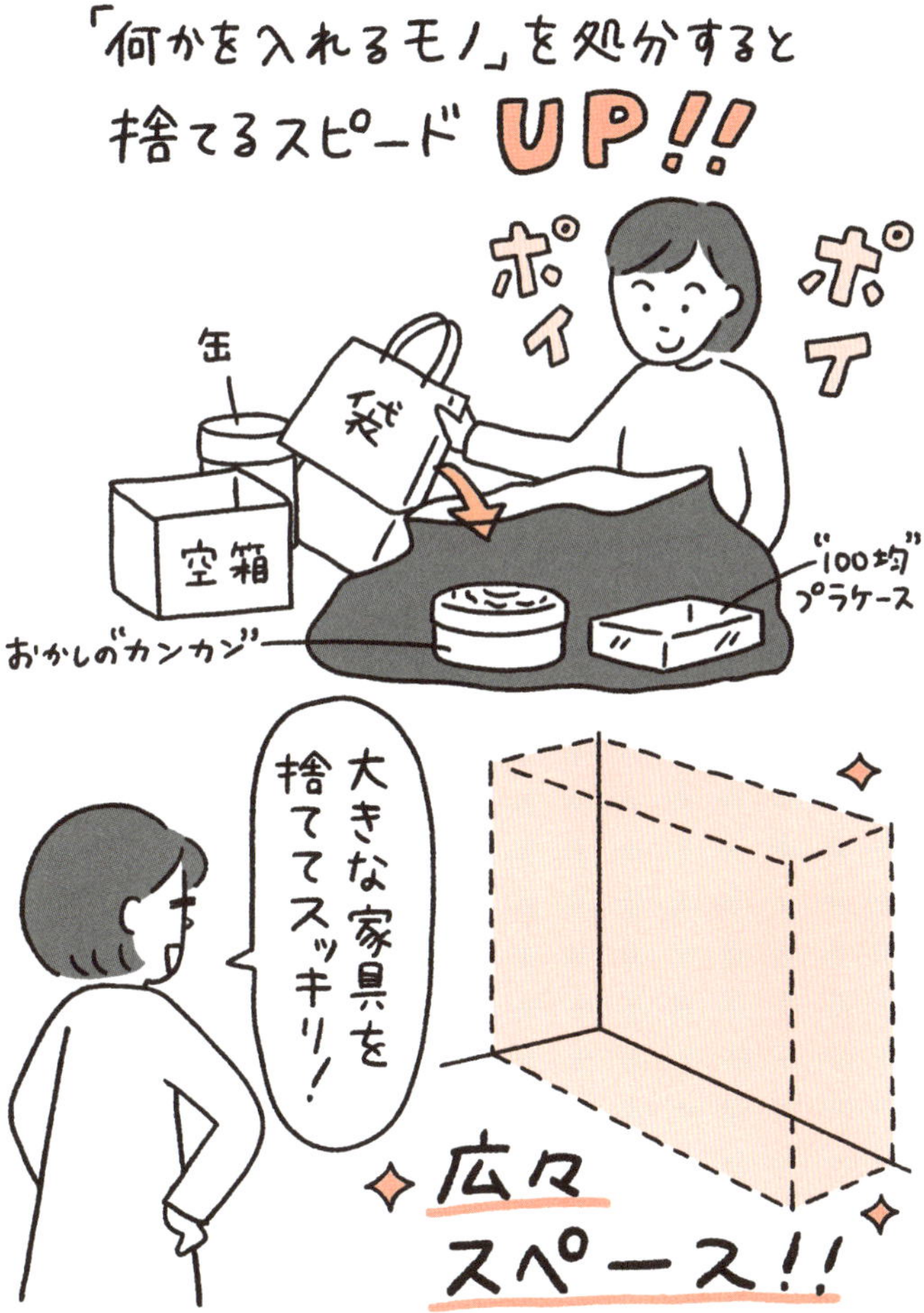
「何かを入れるモノ」を処分すると
捨てるスピードUP!!
ポイ
ポイ
缶
袋
空箱
おかしの"カンカン"
"100均"
プラケース
大きな家具を捨ててスッキリ!
広々スペース!!

動画で撮ると部屋の「違和感」が見えてくる

なんとなく、「モノが多い」「ごちゃごちゃしている」「散らかっている」。でも、どこを減らせばいいのかがわからない。

このような方におすすめなのは、**スマホで部屋を動画撮影**することです。どうやってモノを出し入れしているかなど、**生活している様子も撮っておく**といいでしょう。

ある依頼者さんのお宅は、玄関に大きなダンボールが置きっぱなしで、家に上がるときに、「よいしょ」と飛び越えないと通れませんでした。

「ここを飛び越えて家に上がるの、大変じゃないですか？」とたずねると、「え？　何のことですか？」と依頼者さん。毎回、無意識にひょいと飛び越えていたので、**ダンボールが通路をふさいでいた事実にまったく気づいていませんでした**。

動画を撮影して、初めてその事実に気づいたのです。**「ちょっとした不便」が日常だと、あたりまえになってしまって、違和感に気づかなくなってしまう**ようです。

え、めっちゃ足上げてる……
ただいま〜
ヒョイ
気づかなかった……ダンボール捨てよう

どのくらいの量を捨てればいいのか？

ここで**衝撃の事実**（？）をお伝えしたいと思います。

みなさん、ごく普通のワンルーム（6畳1K）のお部屋の片づけで、僕たちプロはゴミ袋を何袋ぐらい処分するでしょうか。

実は、70リットルのゴミ袋を60袋分、処分しました。みなさんがよく使っている45リットルのゴミ袋であれば、約2倍の**120袋**くらいです。つまり、最低でも100袋くらい捨てないと片づかないのです。

この話をすると、「がんばってゴミ袋10袋分捨てたとしても、ぜんぜんじゃん！」などと、みなさんショックを受けます。

中には「一生片づかないんじゃ……」と軽く絶望する方も……。

ご心配なく、**「捨てる」作業は必ず終わりがきます。**

最初は慣れるために、1カ所を一気にやることが大切ですが、慣れるとスピードも速くなるので、最終的には家じゅうスッキリ片づけられます。
大量のゴミを捨ててOKなマンションや一戸建てはそう多くありません。「1回につきゴミ袋4つまで」など、決まりがあるところも。
そうなると現実的には、やはり1カ所ずつ、やっていくしかないのです。

僕たちの動画の視聴者の方で「〝正〟の字を書いて、捨てたゴミ袋の数をカウントしています」という人がいました。「目標は1年で100袋」と決め、毎週のゴミの日に、1～2袋分、コツコツとモノを捨て続けました。そして、ついに1年で、ご自身の納得がいくような、理想のお部屋になったのだそうです。

「日々の目標を低くしたことが、うまくいった理由です。少しずつ減らしたのでリバウンドもしていないとのこと。

自分のペースでやることが何より大切だと、視聴者さんから教えていただきました。

今週も1袋
捨てよう!
よし!
ゴミ捨てる
正正T
1年後
「捨てる」作業は
必ず終わりが
きます!
ワー!
気づいたら
家じゅう
スッキリ!

COLUMN

プラケースを買ってはいけない、意外な理由

捨てる前に収納品を買ってはいけないとお伝えしましたが、特に気をつけたいのが、衣装ケースと呼ばれる**プラスチックの収納ケース**です。

やっかいなのは、ベランダに置きっぱなしのプラケース。長く使っているうちにプラスチックが日焼けで変色したり、フタにヒビが入って開けるときに危険だったり……。劣化して粉々になってしまうこともあります。粉々になったプラスチックを片づけるのは大変ですので、もし今ベランダに置いてあるようでしたら、すぐに撤去しましょう。

また、プラケースは、処分するときにお金がかかります。大きさにもよりますが、東京都渋谷区の場合、1個400円かかります。しかも結構な大きさですので、運び出す

のもひと苦労です。

6畳の部屋で、たいてい5個か6個はプラスチックの衣装ケースが出てきます。これだけで**2000円の処分料**がかかってしまいます。

ひとり暮らしの祖母の家には20個以上の古い衣装ケースがありました。粗大ごみに出したら8000円以上になります。ぜひみなさんも、家じゅうのプラスチックの衣装ケースの数を数えて計算してみてください。

環境問題から、2020年よりレジ袋が有料になりました。今はプラスチックのスプーンやフォークを用意していないコンビニやスーパーもあります。

こうした流れからも、今後、プラスチック製品の処分料がさらに値上げする可能性も十分考えられます。今のうちに処分を検討したいですよね。

もっと早く
やれば
よかったよ〜
モロモロでボロボロだ〜

第2章

これならできる！「捨てる」コツ

「捨てる」モチベーションが高まったところで、
具体的にどうやって捨てればいいかをお伝えします。
僕たちが普段からやっていることです。
以前、ショート動画やライブ配信でお伝えしたところ、
「知らなかった」「やってみます！」と反響が大きく、
プロの「あたりまえ」は案外知られていないことに気づきました。
どれもシンプルで簡単ですので、ぜひやってみてください。

捨てる一歩はダンボールから

「捨てる」を今すぐ始めるなら「ダンボールを処分する」のをおすすめします。

理由は2つあります。

1．ゴキブリ対策のため

ダンボールにゴキブリが卵を産みつけ、大量の卵が底にくっついていることがあります。なるべく早く、家からダンボールを出してしまいたいところです。

「ゴキブリと暮らすのは絶対にイヤ！　即捨てます！」

この話をすると、みなさんすぐに捨てに行きます。

2．一気に処分しやすいから

ダンボールは「資源ごみの日」など決まった日に収集することがほとんどなので、分別などを考えずに一気に処分しやすいです。ただし、自治体などによっては「一度に出せるのは1人4箱まで」などとルールが決まっていることもあるので確認を。

収集日が何曜日かわからない人は、スマホなどで**「○○市（住んでいる地域名）ダンボール　収集日（回収日）」で検索**してください。それでもわからないときは「○○市　環境課　電話番号」で検索すると、問い合わせ先がわかると思います。

どんなにモノが多いお宅でも、ゴミ捨てが面倒だと思っている方でも、ダンボールだけはすぐに捨てることができるようです。

ダンボール カレンダー
1
1 2 3 4
5 6 7 8 9 10 11
ダンボール
集める
12
お休み
13
資源
ごみ
14
キュッ
よし!

いったんゴミ袋に入れる

なるべく頭を使わずに、手を動かして、「捨てる」行為に慣れたいところ。
ここでおすすめの方法があります。
床に落ちているモノは「いったんゴミ袋に入れる」作戦です。
この作戦で大量の洋服を処分できた依頼者さんがいました。

依頼者さんは、洋服が大好きで、クローゼットの中だけではなく、ソファやベッドの上など、あちこちに洋服が置かれています。床も服だらけで足の踏み場もない状態でした。そこで僕は
「床に置いてある服はカビとかホコリがついているので、洗濯してからクローゼットに戻しましょう。まずは洗濯機のところに持っていくために、全部透明の袋に入れてもらえますか？」

と依頼者さんにお願いしました（僕は別の作業をしていました）。

依頼者さん、無言で透明のゴミ袋に服を入れ始めます。

何も考えず、ただただ、床に落ちている洋服を透明のゴミ袋に入れるだけです。

単純作業ですので、2、3分で終わります。

そして、透明の**ゴミ袋はいったんそのまま放置**します。

やがて僕たちの片づけ作業が終わり、床もピカピカになりました。

まだ余裕のあるクローゼットを開けて、「ここに着る服だけ戻しますか」と透明のゴミ袋を指差すと、依頼者さんは言いました。

「この袋……やっぱり全部ゴミです、いらないです……捨ててください」

依頼者さんいわく

「汚い洋服を、一つひとつ『まだ着られるか』を判断するのが面倒くさい」

キレイになった！
ここには新しい服だけ
入れよう
せっせ
袋に入れた服はやっぱり捨てよう！

「きれいなクローゼットには、新しい服をかけたい！」

「カビやホコリのついた服を洗濯機に入れるのがイヤ！」

とのことで、透明のゴミ袋に入れた洋服は全部そのまま処分することになりました。

不思議なもので**ゴミ袋に入れてしまうとゴミに見えてくる**のだそうです。

そこから依頼者さんの捨てるスイッチがＯＮになり、次から次へといらないモノを処分し始めたのです。

何も考えず透明のゴミ袋に入れて、そのままほったらかして周囲の片づけを続けてみてください。

周りがきれいになると、**より「ゴミ」感が出る**ので、袋から出して戻す気持ちになりにくいというわけです。ぜひ一度やってみてください。

いらない書類を、床に落とす

第1章でもお伝えしましたが、できるだけ**「捨てる」ことに集中するために、ほかのことはやらないし、考えない**。これが大事です。

ある場所を片づけるときに、「いらない」と判断したモノは、床にぽいぽい落としていくというやり方があります。割れ物や壊れ物はできませんが、書類（紙類）であればできるでしょう。

捨てる練習にはぴったりです。試しに机の上の「紙」を捨ててみましょう。

第1章で「絶対にそこから動かない」とお伝えしましたが、イスに座ってひたすら机の上にある書類やレシートなどを捨てていきます。いかに無駄な作業をしないで捨てられるかがポイントです。

やり方は簡単、**いらない紙類を床にポイポイ落としていくだけ**です。

いちいちゴミ箱に捨てるのも面倒ですし、作業が中断されるのもよくないので、使わないクーポン券、不要なレシート、必要のない郵便物など、ひたすら床に落としていきます。

机の上（1カ所）が終わったら、**床に落としたモノを1カ所に集めてゴミ袋に入れます**。一気にかき集めてゴミ袋に入れるだけで作業は完了するはずです。

フローリングが傷つかないよう、**いらないバスタオルを床に広げてから落とす**のもいいでしょう。防音効果も期待できますし、最後にバスタオルごと丸めてゴミ袋にポイするだけなので後片づけも超ラクです。

慣れてくると、この一連の作業も相当速くなります。

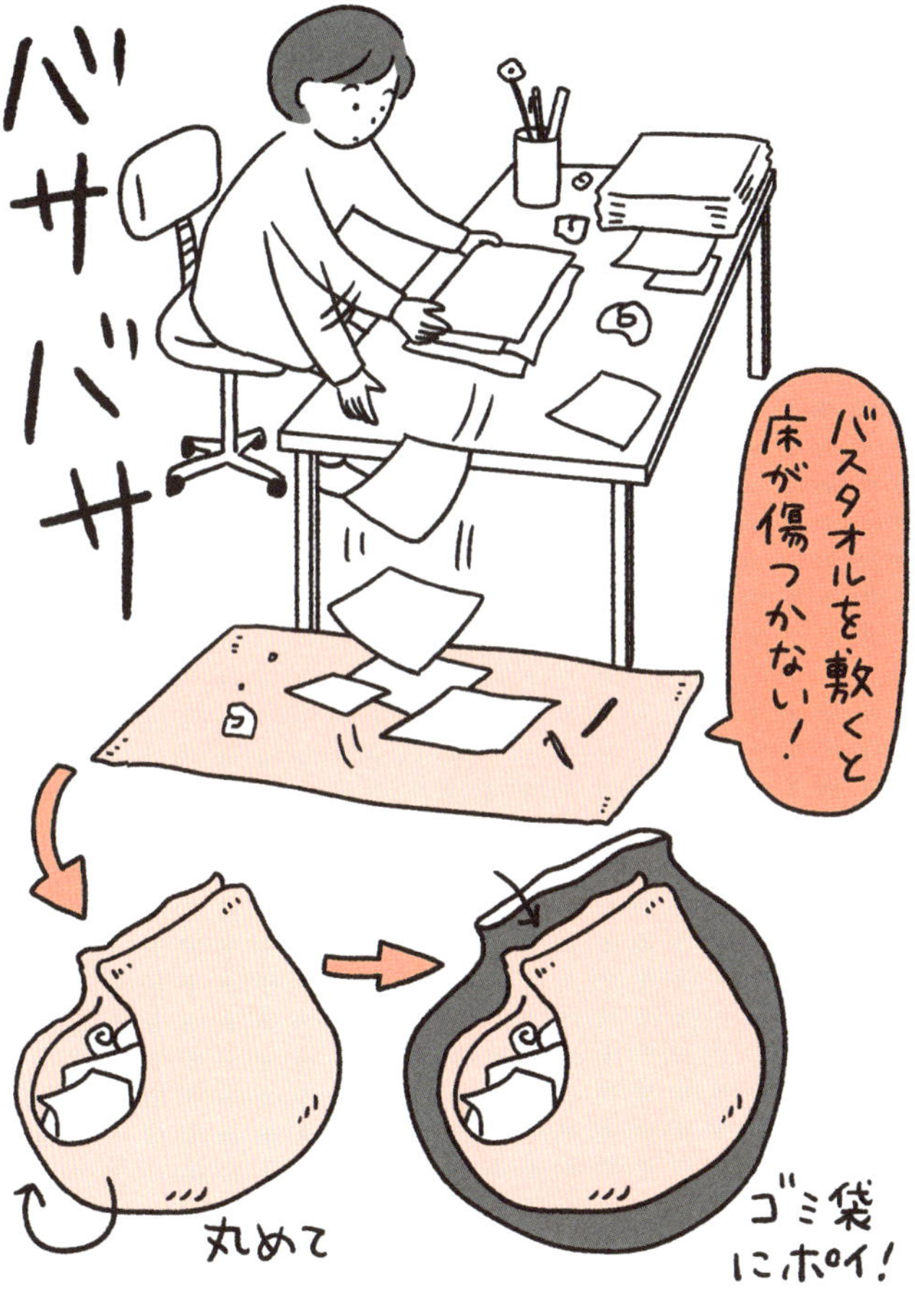
バサバサ
バスタオルを敷くと床が傷つかない!
丸めて
ゴミ袋にポイ!

ゴミ袋をパンパンにしない

「捨てる」作業をいかにストレスなくおこなうか。本当に重要です。
ストレスなく捨てるコツは、ゴミ袋に、パンパンに詰め込まないことです。

- **本や雑誌などの紙類や、食器など重さのあるモノはゴミ袋の6割まで**
- **洋服など比較的軽いモノでも、7割程度**

にしてください。
「まだ入るけど（もったいない）」というところで、袋をしばるのがベスト。

理由は2つあります。1つは、パンパンに詰め込むと**ゴミ袋が破けたりさけたりする**おそれがあるからです。リビングの真ん中で、パンパンに詰め込んだゴミ袋がスーッと破れて中がドサッと出てしまったら……。もうそれだけで、やる気ゼロに。

もう1つは、パンパンに詰め込んだゴミ袋は、単純に**すごく重たい**からです。

「もったいなくないですか?」とよく言われるのですが、雑誌や紙類でパンパンになったゴミ袋を両手で持って、ヨイショと立ち上がったとたんに腰がピキッといってしまったら……。袋1枚をケチったことで、しんどい思いをしてしまったら、元も子もありません。

パンパンに
詰めると…
ズシャアア
ウわ…
最悪…
こんな道ばたで…

6割、7割
くらいにすると
ラク
軽いし
破れない♪
ゴミ捨て場

座り込まない（場所や時間を決めてやる）

「座り込まないってどういうこと？」と疑問に思ったかもしれません。これも片づけの**モチベーションを下げない工夫**のひとつです。

よく聞かれるのが、「地べたやソファに座って仕分けしたほうがラクじゃないですか？」という質問です。たしかに1カ所動かずに集中して作業ができるのであれば、座ってもかまいません。

ですが、**あえて「座り込まない」で一気にやる**ことをおすすめしています。

「どっこいしょ」と言ってしまうくらい、**座った状態から立つという行為は案外しんどい**ものです。一度座り込んでしまうと、どっと疲れが出てしまい、モチベーションも下がってしまいます。

立ったままやるからこそ、無理はせずに、**1カ所だけ決めてやる**のです。

なんなら、「10分だけ」とか「ゴミ袋1袋分だけ」など、ルールを決めておきます。
そして、**疲れる前にやめるのもコツ**です。

- **座らない**
- **しゃがまない**
- **移動しない**
- **時間を決める（10分だけ）**
- **ゴミ袋の数を決める（1袋だけ）**
- **疲れる前にやめる**

ささいなことですが、**継続する上で大事なコツ**なのです。

作業中

棚の「中段」から作業する

立ったまま作業する話につながりますが、180センチくらいの高い棚があったとします。モノを捨てるとき、どこから始めたらいいでしょうか。

やってしまいがちなのが、上から順番に作業することです。これだと、上の段の荷物をいちいち床に置いて、また上の段に手を伸ばしてと、行ったり来たりしなければなりません。立ったまま作業というより、上に手を伸ばして、膝を曲げて床にモノを置いて……と結構な重労働です。

僕たちのおすすめは**「腰の位置」あたりの場所から作業を始める**ことです。

立って作業するとき、まずは腰の位置にある中段のモノを処分します。

次に、上のほうにあるモノをいったんきれいになった**中段のスペースに一時避難**して、そこから捨てていくだけです。

「中段のスペースを空けて簡易的な自分の作業台を作っちゃう。そうすると、あまり動かずに整理ができるのでやりやすいんです」とスタッフも言います。

中段のスペースを空けられないとき、例えば食器棚の上段を片づけるときなどは、近くにある腰くらいの高さのカラーボックスなどの上にカゴを置いて、そこに不要なモノを入れるようにするそうです。そうすれば、しゃがまずに作業できますし、作業スピードもアップします。

いかに自分の苦にならない作業方法を見つけるかがコツです。

棚やパントリー、押入れなどのモノを捨てるときは覚えておくといいでしょう。

よっこらしょ
中段にいったん置ける！
中段から片づけると作業がスムーズに!!

軍手をはめて作業する

「え、それだけ？」と驚くかもしれませんが、軍手をはめるだけで「捨てる」がはかどります。

ダンボールや本、雑誌などの紙類は、素手で処分をしようとすると、紙で手を切ってしまうことがありますす。紙で手を切ると痛いですよね。やる気も一瞬でなくなります。

また、床に落ちている洋服類はホコリがかぶっていたり、カビがついたりしていることもあります。軍手をはめて、勢いよくいったんゴミ袋に入れるのがおすすめです。

イーブイでは、次のようなルールを決めて作業しています。

・モノを処分（片づけ作業を）するときは、軍手で作業する

・ものを収納するときは、（軍手をはずして）素手で作業する

依頼者さんが「これは着ます」とおっしゃった洋服は、軍手をはずして、素手で一つひとつ、洋服ダンスや引き出しに戻していきます。お客様が使うものは、大切に扱いたいからです。

みなさんもぜひ、作業や処分するときは軍手で、本当に必要なものや好きなものだけをしまうときは素手でおこなってみてください。

「この服、素手で触りたくないと思ったら、急にいらなくなって捨てられた」

「いちいち軍手をはずすのが面倒で、結局、全部処分できた」

こんなふうに意外な形でモノを手放せた依頼者さんもいらっしゃいます。

軍手はコンビニなどでも手軽に手に入ります。衛生面・安全面・モチベーション、さまざまなメリットがあるのでやってみてください。

素手で作業すると
ウえっ
ドロォ…
もういやだ
ピッ
いたっ
紙で手が切れる
テンションDOWN

軍手を使うと
作業が進む
ストレスなく
サク
サク

ほうきとちりとりは「神アイテム」

片づけ動画を見てくださった依頼者さんから、こんな質問がありました。

「イーブイさんは、掃除機を使わないのですね」

そうなんです。僕たちは基本、**掃除機を使いません**。

理由はいろいろあります。

・モノが多いお部屋では、掃除機を置くスペースがない
・床がモノだらけなので、掃除機を動かすこともできない（コードも）
・間違って大事なものを吸い込んでしまったら大変
・掃除機のゴミパックを交換するのも面倒

その代わり、**ほうきとちりとりは大活躍**します。

僕たちは、**ほうきとちりとりをバラバラに使う**ことが多いです。

ほうきは、ゴミを掃き出すだけでなく、**ベッドの下のモノをかき出す**のにも使います。ホームセンターなどで売っている、普通のほうきです。小中学校の掃除当番のときに使っていたものと同じ。できれば柄が長いほうがしゃがまずに使えるので腰がラクです。（しつこいようですが、ラクにやれることは本当に大事です！）

ちりとりほど便利なものはありません。

僕たちは**「てみ」**と呼ばれる、庭などで集めた枝や枯れ葉を入れるための道具として使われている、取っ手のない、大きなちりとりを使っています。

依頼者さんにレシートなどいらない紙類を床にぽいぽい落としてもらいます。

それを「てみ」で一気にかき集めてゴミ袋に入れていきます。

また、小さいゴミをゴミ袋に入れるのって、意外と面倒ですよね。

片づけを進める中で、ちょっとしたゴミが出たら、いちいちゴミ袋に入れずに、「てみ」にどんどん乗せて、最後にゴミ袋にごそっと入れます。

ちりとり（てみ）は、まさに**「動くゴミ袋」**です。

文房具や雑貨など、こまごまとしたものを捨てるときに大活躍です。


「てみ」もほうきと同じく、床に山積みになっているモノを崩す・かき出すのにも使っています。長年積み上げられたゴミ類は、なかなかほぐれません。そこで、「てみ」で山を崩しながら、少しずつ片づけていきます。


ほうきもちりとりも、充電や替えパックは不要、どこにでも持っていけます。

立てかけておけば邪魔にもなりません。

ぜひ捨てる際に、この2つを使ってみてください。

ほうき
ベッドの下のモノをかき出す
ガッ
超便利な神アイテム！
てみ
ちょっとしたゴミ箱になる！
バサッ

最後に使ったのはいつかを確認する

「捨てるモノより、残すものを決めるほうがよくないですか？」

こんなふうに聞かれることもあります。たしかに、このほうが決断が早いという人もいるでしょう。

しかし多くの場合は、**「残すもの」を選んでも、なかなかモノは減りません。**

この場合、「絶対に使っているもの」ではなく「もしかしたら使うかも」というモノまで残してしまっている可能性が高いのです。

こういうときは、依頼者さんに質問します。


「これを『最後に』使ったのはいつですか？」

クリスマスツリーであれば「昨年の12月に飾りました」とか、冠婚葬祭用の黒いスーツなら「3年前のいとこの結婚披露宴で着ました」といった具合に即答できます。

数年に1回しか使わないものであっても、「最後に使ったのがいつか」をちゃんと言えるものは「使っているもの」です。

「このニット、最後に着たのはいつだか思い出せない……というか存在すら覚えていない」など思い出せないモノは、いらないモノです。

「記憶にないということは、もう必要ないのかもしれませんね」とお話しします。ほとんどの人は「そうですね」と納得し、すんなり処分されます。

みなさんもぜひ、ご自分で「最後に使ったのはいつだっけ?」と一つひとつ自問しながら、思い出せないモノを処分していきましょう。

最後に使ったのはいつですか？
お重
今年のお正月に
キリッ
サーキュレーター
先月洗濯物を乾かした
ドヤッ
思い出せないモノはいらないモノ！
ミキサー
ええと…
タジン鍋
いつ使ったかな？

依頼者さんに「捨てる」モノを決めてもらうときは

依頼者さんのお宅を片づけるときは、僕たちが勝手に捨てるわけにはいきません。「あとはお任せします」と言われない限り、すべての荷物の「いるか・いらないか」を、依頼者ご自身に判断していただきます。

引き出しやダンボールの中を開けて、**一つひとつ見ながら「これいりますか?」と聞いていきます。考える時間は3秒**くらいです。

悩んだら後回しにして「ではこちらはいりますか?」と、次々と聞いていきます。一定のスピードで、テンポよく聞いていくのがコツです。

こうすることで、依頼者さんの**「捨てる力」は自然とついていきます**。

・**今使っているものは「いります」**
・**大好きで見えるところに置いておきたいものも「いります」**
・**最後に使ったのはいつか覚えているものも「いります」**

いるかいらないか迷ったときに「うーん、(もったいないから)じゃあいります」と依頼者さんが答えたときは、僕たちはこう聞きます。

「これ『本当に』いりますか?」(関西弁なので、実際はやわらかい口調です)

すると依頼者さんはたいてい**「やっぱりいらんかも」**となります。

「二見さんの『本当にいりますか?』の一言で背中を押されました」と感謝する依頼者さんを何人も見てきました。

本当は捨てたいんだけど、勇気が出ない。
そんなときに「本当にいる？」とダメ押しで自分に聞いてみるといいでしょう。

「たしかに、いらないかもしれない」
「使っていないし、とりあえず手放してみるか」

このくらいのふわっとした感じでいいのです。

スマホの、秒針の音がチクタク鳴るタイマーやメトロノームのアプリを使って、リズム感よく「いる？　いらない？」と言いながら作業を進めている方もいます。

ちなみに「なんとなく処分して後で困った」という話は聞いたことがありません。人間の**「捨てる」直感は、案外正しい**のかもしれませんね。

うーーーん
いる…かな…
本当にいりますか？
モノを捨てる前
もったいないし気に入って買ったし捨てる必要ないっっ!!
ギュ
捨て慣れると
たしかに今はそこまで好きじゃないしいらないな
ありがとう
バイバイ

依頼者さんが一瞬で笑顔になった「一言」

依頼者さんのお宅を、あるスタッフが片づけているときのことです。洗面所のタオルかけに、依頼者さんが「残したい」とおっしゃったタオルがかかっていました。片づけを進めていると、そのタオルよりも新品できれいなタオルが出てきたので、スタッフは依頼者さんにこうたずねたのです。

「きれいなタオルが出てきました。（かけてある）こちらと交換しましょうか？」

依頼者さんは「はい、お願いします！」と答えました。

そして、洗面所に新品のタオルがかけられたとたん、依頼者さんは笑顔になったそうです。

「たしかに！　こっちのタオルのほうがいいですね」

元のタオルを**「捨てる」ことよりも、新しいタオルを「迎える」ことに気持ちが向いた**ので、自然と笑顔になったのだそうです。

元のタオルを指して「これ捨てましょうか」といきなり言ったらどうでしょう。「ちょっと待って……」となったかもしれません。まだ使えるのにもったいないと感じてしまう人もいるでしょう。

しかし「新しいほうがいい」という発想になったことで、自然と「捨てる」を選択できたのです。見方や発想を変えるだけで、モノは少しずつ手放せるようになるんですね。僕自身、依頼者さんやスタッフからいつも勉強させてもらっています。

新しいタオルが出てきました
こちらと交換しますか？
お願いします
「捨てる」ことより新しいタオルを「迎える」ことに気持ちを向ける

COLUMN

「捨てる」という言葉をいったんやめてみる

ここまで読んでくださった多くの方は、家の中のモノを早く捨てたくなってうずうずしていると思います。しかし、いざ始めてみたら、「捨てる」ことに罪悪感を抱いてしまったという人もいるかもしれません。

そういうときは、**「捨てる」という言葉をいったん捨てる**ことです。

モノが多い人は、**モノを大切に思っている人**（実際に大切にできているかはともかく）がほとんどです。そのため「捨てる」という行為にどこか罪悪感を持ってしまいがちです。であれば、「捨てる」という発想をいったんやめてみることです。

・手放す：大切なものだけ、とっておく
・減らす：必要なものだけ、置いておく
・交換する：新しいものや好きなものをお迎えする
・卒業する：お役目を終わらせてあげる
・渡す：必要とするところに届ける

こんなふうに言い方を変えるだけで、「捨てる」という行為が、自分や周りの人にとって価値のあるおこないだとわかると思います。

さらに、モノがなくなった後のことをイメージして言い換えてみてください。

捨てるではなく、

・スッキリさせる
・使いやすくする
・きれいに並べる

などです。

・好きなものだけにする
・使いやすいものだけにする
・ストレスフリーの空間を作る

もＯＫです。

「『捨てなければ！』と思うほどテンションが下がって、いつも挫折していましたが、『好きなものだけの部屋にするぞ！』と言って片づけを始めたら楽しくなりました！」

こんな風におっしゃる依頼者さんもいました。

「気持ちを上げる言葉って大切だなぁ」と依頼者さんから教えていただきました。

「捨てる」を言い換える！

手放す	大切なものだけとっておく
減らす	必要なものだけ置いておく
交換する	新しいものや好きなものをお迎えする
卒業する	お役目を終わらせてあげる
渡す	必要とするところに届ける

第3章

「なぜか手放せないモノ」を捨てるコツ

実は、手放せないモノは、どのお宅にもあります。

「捨てるのはもったいない」ですし、「何かに使うかもしれない」から、とりあえずとっておいたモノたちです。

一言でいうと「雑貨」、こまごましたモノたちです。

実は使いにくかったり、特に気に入っているわけではなかったり。

思い入れがないのに、なぜかもったいないと思って捨てられない。

こういうモノたちに囲まれていると、ストレスがたまってしまいます。

この章では、これらを罪悪感なく捨てるコツをお伝えします。

どう処分していいかわからないモノナンバー1は？

「今回の片づけで処分したいモノは何ですか？」

依頼者さんに聞くと、多くの方がこんなふうに答えます。

「ベッドと食器棚と、あと……**こまごました雑貨類**です」

この「こまごました雑貨類」が、**どう処分していいかわからないモノナンバー1**で、僕たちは**「謎アイテム」**と呼んでいます。

「こまごました」と言うくらいなので、雑貨類に関しては何がどのくらいあるのかを把握していません。ぼんやりした存在だから、どうしたらいいかわからないのです。

同じ雑貨であっても、自分が本当に好きで集めているものは、「あの棚は3段全部、推しのグッズです」「あの本棚にはゲームソフトが100本ぐらいあります」など、おおよその量を把握していることが多いでしょう。これらは「謎」ではありません。

一方の「こまごました雑貨類」は、「いっぱいあるんです」「あちこちにあるんです」「ごちゃごちゃあるんです」といった具合に、数があいまい。10個なのかひょっとしたら100個ぐらいあるのかも……いろんなところにあるから、全体でどれだけの量があるのかわからない。まさに「謎」です。

しかも、**1個処分したとしても、何も変わらない**。ハサミを1丁捨てたとしても、ボールペン1本捨てたとしても、部屋が広くなるわけではないので、「まいっか」と放置されがちです。

しかし、あえて言わせてください。

雑貨を捨てられるようになれば、たいていのモノは捨てられるようになります。本当に不思議です。

モノが多いお宅ほど、雑貨類が多く、「謎アイテム」に占拠されて暮らしています。洋服や趣味のものなど、はっきりと自分の意志で家にお迎えしたものは、お別れもしっかりできます。けれど、なんでここにあるのかわからない**「謎アイテム」ほど、捨てることが案外むずかしい**のです。

「雑貨を捨てられるようになったら、捨てる判断が一気に早くなった」
「なぜ雑貨を『もったいなくて捨てられない』と思っていたかわかった！」

また、こんなコメントもいただきました。

「片づけ本には、洋服や本を処分する方法は書いてあったけれど、雑貨についてはなんとなくしか書いてなくて、目からウロコです！」

僕自身、1万軒以上片づけて気づいた意外な「盲点」、それが雑貨類でした。

ここにあるぞ！
雑貨たち
雑貨だらけ
どこのお宅にも多いですよ

家中にあふれた「謎アイテム」に気づく

文房具や小物系もそうですが、モノの多いお宅で見かけるのが

・**小さな置物系**（カプセルトイなど）

・**旅行のお土産でもらう「ご当地グッズ」**（キーホルダーなど）

お子さんがいるお宅では

・**ぷにぷにしたおもちゃ**（コンビニなどどこでも買えるモノ）

などです。

これらに共通するのは

・**買いやすい**（から、お土産でもらいやすい）

・**突発的に欲しいと思った**（安いのでガマンせずに買える）

・**なんとなくそこにある**

という3点です。

「謎アイテム」は限定とかおまけとかついでといった形で、なんとなく買わせて、なんとなく家に持って帰らせることが上手です。

一つひとつは小さいですし、面積も取らないから、置いておいても気になりません。知らないうちにどんどん増殖し、無意識のうちに増えていくので、気づいたときにはとんでもない量になってしまうのです。

そして、**家中にあふれた「謎アイテム」**こそが、**どう処分していいかわからないモノナンバー1でもある**のです。

ぜひみなさんも家の中の「謎アイテム」がどのくらいありそうか、ぐるっと見渡してみてください。まずはその**存在に気づく**ことが大切です。

モノが多い家にある

「謎アイテム」TOP 3

1 カプセルトイ

2 ご当地グッズ

3 ぷにぷにしたおもちゃ

なぜ100円ショップの商品は増殖するのか

100円ショップの商品って、1個だけ買って帰るという人はまずいません。1個だけ買える人は、モノをあまり持たない人か、毎日のように100円ショップに行く人ぐらいだと思います。

みなさん、ついでに2個3個、それこそ本当に必要だとか欲しいとか思っていなくても買ってしまうはずです。

この、**買いやすいモノこそが捨てにくいモノ**なのです。

知らないうちに家の中にあって、どんどん増えていくモノ。

一つひとつはそれほど邪魔にならないし、「いつか使いそうな雰囲気」さえある。わが家にお迎えした目的がはっきりしないモノは、捨てる理由も見つけにくい。「いる・

いらない」がわかりにくく、わざわざ捨てる必要もないと思いがちです。

・ついでに買ってしまった「目的がよくわからないモノ」

僕はこれらも、やっかいな**「謎アイテム」**と呼んでいます。

同じような理由で、

・「おまけ」でついてきたモノ（＝もらったモノ）

も捨てにくい「謎アイテム」の1つです。

例えば、食品を買ったらついてきたエコバック、ドラッグストアでもらった小さなタオルハンカチ、パンフレットが入っていたクリアファイル、ビール缶セットについてきたグラスなどもそうです。

「おまけ」が欲しくて買ったのであれば、目的がはっきりしているのでＯＫです。

しかし、実際は「なんとなくありがたいし、使えそうだし、まあいいか」で置いてあるモノがほとんどです。

本当に気に入っているものや便利なものであれば、エコバックもタオルハンカチもすぐに使うはずです。でも、お気に入りや普段使っているものは別にあるので、**あえて使いたいと思わない**……。これが本音です。

このような「謎アイテム」が、いくつあるでしょうか。

おそらく200個以上は、どのお宅にもあるはずです。

「『もったいない』とか『いつか使う』と言いつつ、自分でも『なんで取っておいているんだっけ』と不思議だったんです。理由がわかったらスッキリしました」

こう話した相談者さんは、家じゅうの「謎アイテム」をかき集めて、ゴミ袋10袋以上、一気に捨てたそうです。

「謎アイテム」の存在がはっきりしただけで、「いらない」理由もはっきりします。

理由がはっきりすれば、すんなり手放せるということを、相談者さんに教えていただきました。

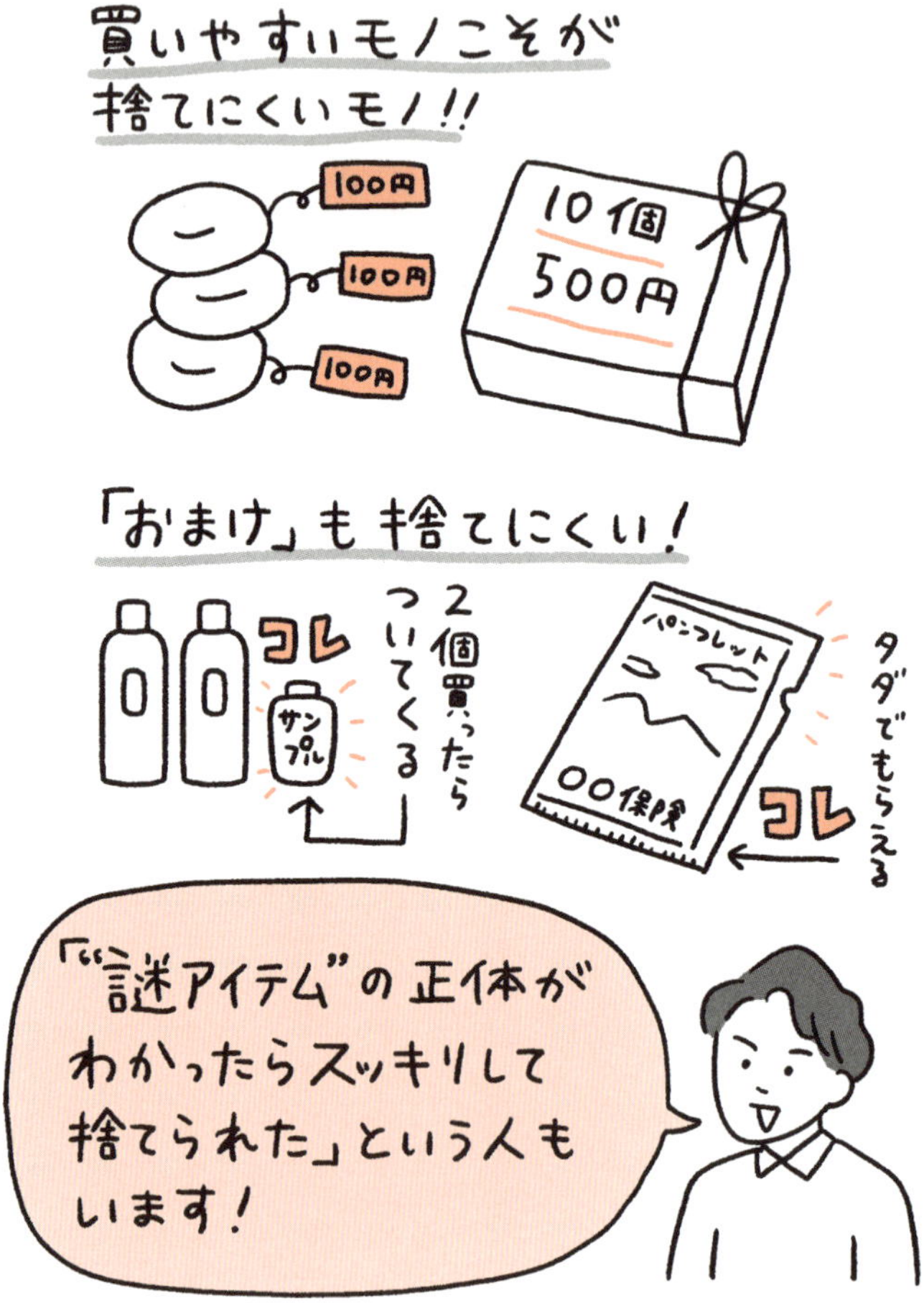
買いやすいモノこそが
捨てにくいモノ!!
100円
100円
100円
10個
500円
「おまけ」も捨てにくい!
コレ
サンプル
2個買ったらついてくる
パンフレット
○○保険
コレ
タダでもらえる
「"謎アイテム"の正体がわかったらスッキリして捨てられた」という人もいます!

ノベルティは「買った」のか「もらった」のか

100円ショップが好きな人は、洋服や化粧品を買ったときなどについてくる**ノベルティも大好き**だったりします。1万軒のお宅を見てあらためて実感しました。

ただ、**ノベルティのほうが少々やっかい**です。

100円ショップのグッズやおまけは、明らかに「ついでに買った・もらったモノ」だとわかるので、「そもそも欲しかったわけじゃないよね」と捨てやすい。

でもノベルティはちょっと違います。

例えば、洋服を買いに行ったら「1万円以上お買い上げいただいた方に、ブランドオリジナルの布製トートバッグを差し上げます」とお店の方に言われたとします。せっかくだからと、8900円の服に1900円のTシャツも一緒に買ったとします。

本人としては、Tシャツは「ついで品だ」という意識はないでしょう。

百貨店の**限定クリスマスコフレ**（化粧品がセットになっているもの）も同じです。化粧品とセットでついてくるポーチなどは「買ったもの」という認識なはずです。

男性のお宅でよく見かけるのは、ドリンクについてくる、**ペットボトルキャップのフィギュア**です。

これも、普段はA社のドリンクを飲んでいるけれど、フィギュアが欲しくてB社のドリンクを買っていたという人がほとんどなので、「買ったもの」という認識でしょう。

ただ、フィギュアに関しては、テレビ台の端っこでホコリをかぶっている（放置されている）ことが多いので、今はもう不要なモノかもしれません。

「『そっか、ついでに買ったんだ』と気づいたら、あっさり処分できました」

「たしかに、オリジナルグッズは欲しかったけれど、値段合わせで買ったモノはいらないので捨てました」

こんなふうに**「謎アイテム」が家にある理由がはっきりすると、すんなり手放せる**ようです。

「ノベルティ」は買った？もらった？
季節限定のコスメのポーチ
服を1万円以上買うともらえる布バッグ
GENTEI
飲料のキャップのフィギュア
限定フタ
茶
本当にお気に入りのデザインやキャラクターではないのに「おまけ」につられて…
う―――ん

「紙袋」はすぐに「使う」！

紙袋は「いつか何かに使えそう」と取っておきたいアイテム第1位です。最近は紙袋も丈夫で美しいものが増えましたが、湿気を吸っていたり、カビが生えていたり、ホコリを吸っていたりします。アレルギーを持っている人は、さわるだけでクシャミや咳が止まらなくなることも……。**紙が好きな虫（シラミの仲間）**もいます。

紙袋は、人に見られたくない紙類の処分に使えます。

紙袋を見つけたら、いらない書類を入れて一気に手放しましょう。

たとえば、個人情報が書かれた郵便物や書類など、捨て方がわからず困っている方は多いです。そういうモノも、紙袋にまとめて入れてガムテープで口をグルグルに閉じれば、人に見られずに処分できます。**1枚ずつシュレッダーにかけるよりラク**です。書類も紙袋も「紙」なので、ゴミの分別を考えなくていいのでおすすめです。

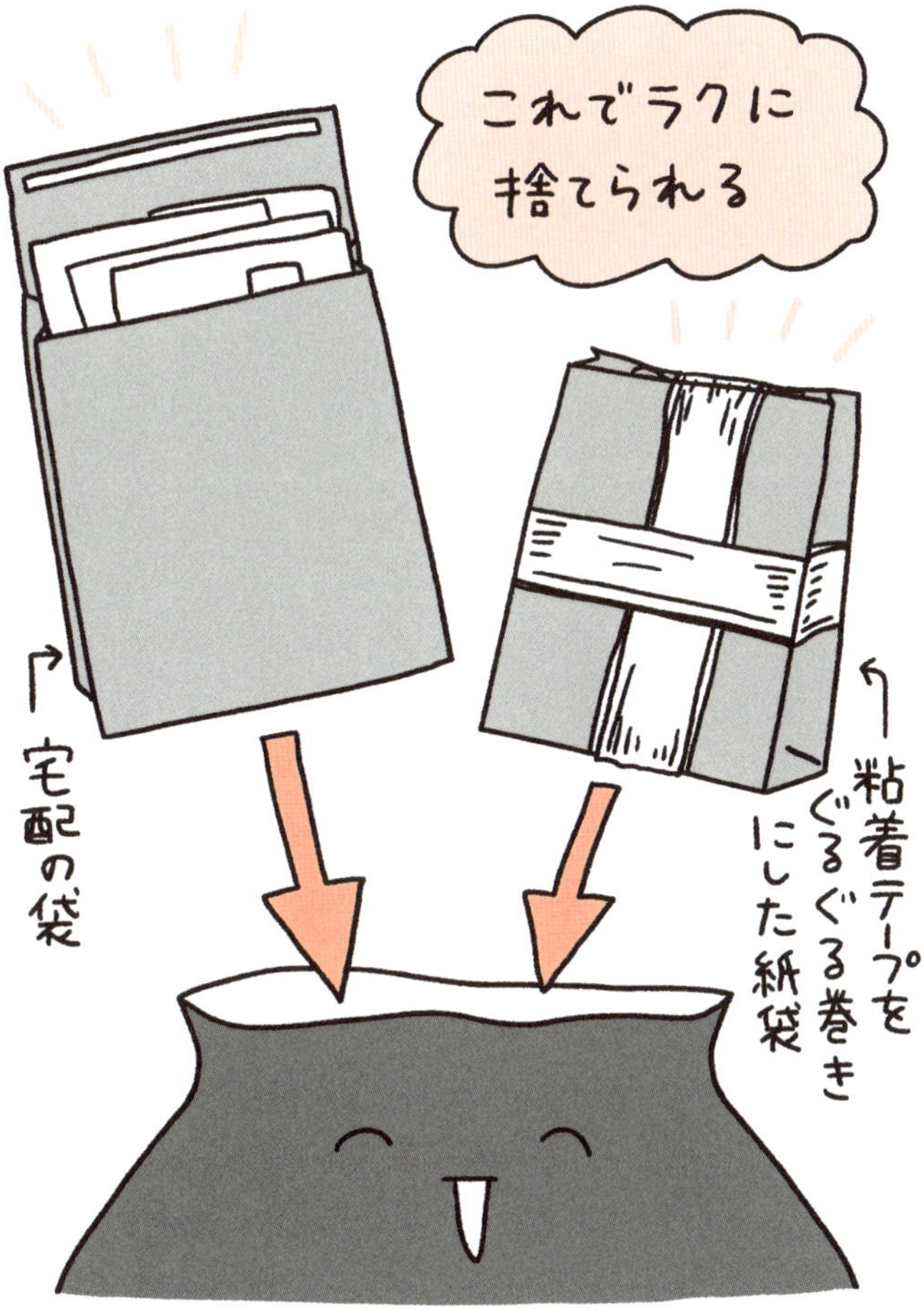
これでラクに捨てられる
宅配の袋
粘着テープをぐるぐる巻きにした紙袋

カード会社や金融機関からの郵便物も、一見、重要そうに見えますが、封筒に「ご案内」と書いてあるのはほとんど営業目的のDMですので、紙袋に入れていきましょう。依頼者さんのお宅でも、大事な郵便物や書類はテーブルの上や棚にあり、必要なくても捨てられない紙類はだいたい床に散らばっています（ゴミ袋直行ですね）。

「紙袋を見つけたら、すぐに書類を片づけるようになりました！」

こんなふうに**「使う」→「捨てる」の習慣**がつくといいですね。

第2章でもお伝えしましたが、紙類を処分するときは軍手をしましょう。素手で処分しようとすると、紙で手を切ってしまうことがあるからです。

また、ゴミ袋に入れるときは6割程度にしておくことも忘れずに。

古いタオルやTシャツは、調味料や油を捨てるときに大活躍

派手な柄とか企業名が入っているタオルなどは、使っていなくても、新品であることが多いので、自分から手放すのはなかなかむずかしいですよね。実は**タオルやTシャツには使い道がある**のです。YouTubeで反響があったアイデアを紹介します。

古いタオルや、綿のTシャツは、**キッチンの賞味期限切れの調味料を染み込ませて処分するときに便利**です。

調味料をキッチンの排水口やトイレに捨てるのはおすすめできません。排水管が詰まる原因になったり、水質汚染につながって環境に悪影響を与えたりするからです。

そこで、鍋やボウルにタオルやTシャツを入れて調味料をしみ込ませれば、あっという間に吸い取ってくれます。丸めてポリ袋やスーパーの袋などに入れて、口をしばってゴミ袋に入れれば完了です。環境にも優しいやり方ですので、おすすめです。

ドボボボボボボ
賞味期限が切れた調味料
古いタオルやTシャツ
使い道があると
処分しやすいですよね

エコバッグやプチプチは食器の処分用に

紙袋と同様に、なんとなくもったいないから捨てられないのが **「プチプチ」** です。緩衝材のことで「エアーキャップ」「エアパッキン」など、さまざまな商品があります。

あと、**エコバッグ**も「まだ使えるから」と捨てられない人が多いです。

エコバッグも、何かのおまけで付いてきたり、友達からもらったりと、知らないうちに増殖しがちなアイテムです。過去に50枚以上のエコバッグが出てきて、依頼者さんもびっくり、ということがありました。


プチプチとエコバッグは、**食器を処分するために取っておきましょう**。

プチプチは、はさみや包丁を処分するときにあると便利です。

フカフカの**バスタオルやニット**も、ガラス製品を処分するときなどに使えます。

エコバッグは、お皿をひとまとめにして、そのまま資源ごみに運ぶ際にも便利です。

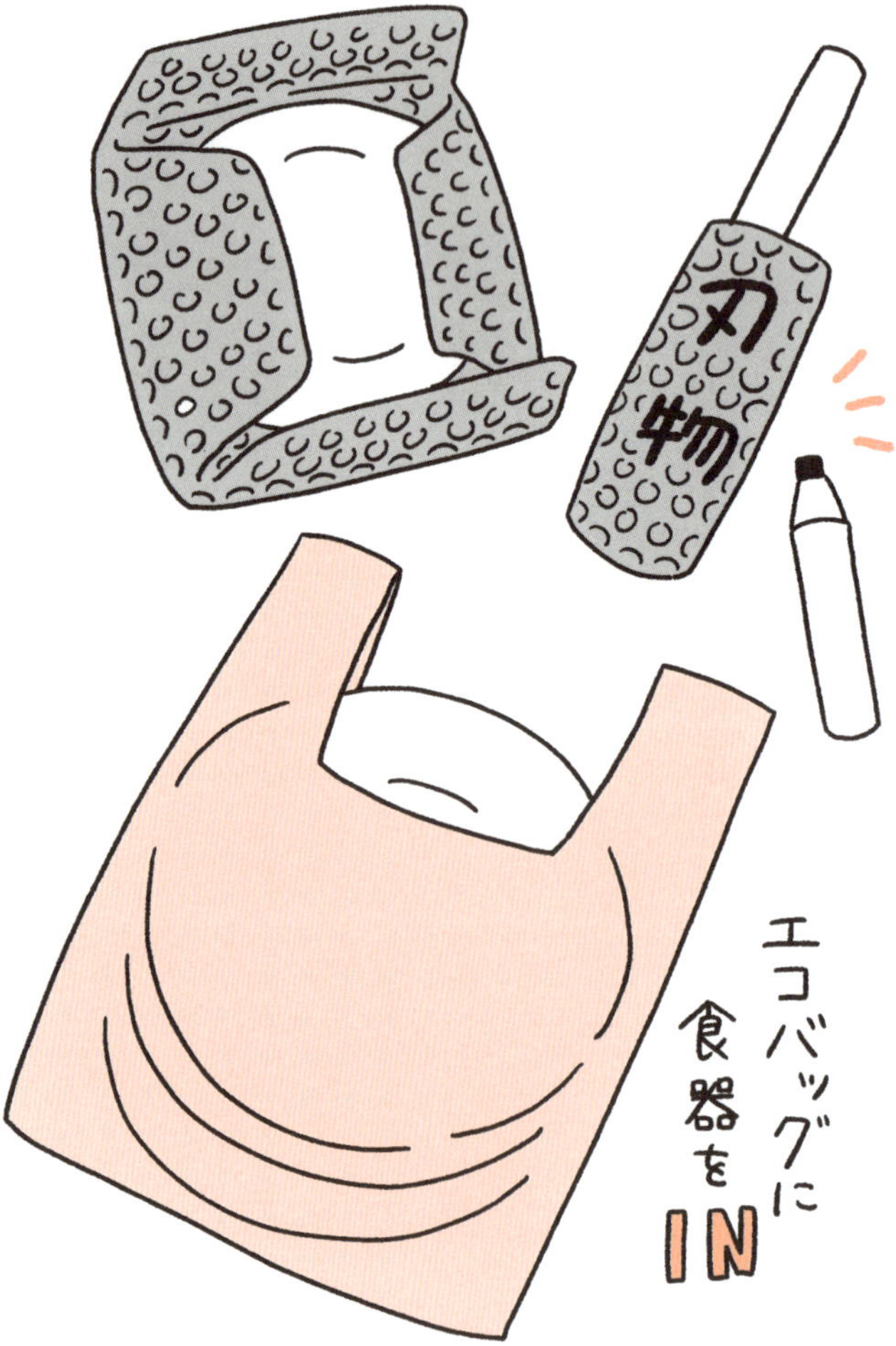
刃物
エコバッグに
食器をIN

割り箸、使い捨てのスプーンで「捨てる練習」

お弁当、お惣菜、スイーツを買うと付いてくる割り箸《ばし》、スプーン、ポケットティッシュ、ウェットティッシュのおしぼり、化粧品の試供品は、使わないのにどんどん増殖しがちです。どれも使い捨てなので、一度使ってしまえば迷いなく捨てられるのですが、未使用品だとやはりもったいないと思ってしまいます。

依頼者さんのお宅を片づけていて、割り箸やスプーンのように**「あっても使わないモノ」**がたくさん出てきたら、僕は次のようなお話をよくします。

「ひとり暮らしだとこんなにたくさん割り箸があっても使い切れませんよね」
「古い割り箸はかなり劣化してベタベタになって（変色して?）いますね」
「いつもらった試供品ですか？　……（それでも）使いますか？」

そう言うと、依頼者さんも「うーん、じゃあ捨てちゃってください！」となります。

ちなみにスタッフは「割り箸の袋に、ゴキブリが卵を産み付けているのを見たことがある」と言っていました。想像しただけで即捨てたくなりますね。

ダンボールもそうですが、**紙類はゴキブリを寄せつけやすい**のです。

あ、**石けんもゴキブリの大好物**なので、洋服の引き出しなどに入れっぱなしの方は要注意です（ほぼ１００％、みなさんすぐに捨てられます）。

ストック品は家族の人数分×３日分くらいを残して、あとはまとめて処分。捨てる練習をしましょう。

考えずに捨てるのがポイントです。

作業に慣れてくると、スペースがどんどんできてくるので楽しくなります。

ただ、引き出しや棚の奥に押し込んでいる割り箸やフォークの処分は、後回しになる可能性もあります。

箱のまま開けずにしまっている引き出物の食器類なども同じで、「新品」「未使用」ということで、なかなか**手放せない「ラスボス」になりやすい**からです。

使えそうだけど、実際は使っていないし、使うこともない。

こういうモノをごっそり捨てられるようになれば、片づけは一気に進みます。

「最初はもったいないと思って捨てられなかったけれど、使っていないならゴミと同じと気づいて一気に処分しました。『いつか使わなきゃ』という見えないストレスも手放せたからか、急に心が軽くなりました」

「未使用品を処分したら、捨てる罪悪感も捨てられました」

未使用品の処分で精神的にラクになったと言う人は驚くほどたくさんいます。

捨てる練習
えいっ
思い切って
割りばし
箱に入った石けん
石けん
開いてカピカピになったウェットティッシュ
紙コップ
木製の食器
乾いたおしぼり

空き箱をいったん移動してみる

空き箱も、**捨てにくいモノランキングの上位**に入ります。

「テーマパークのお土産とか、クッキー缶などカンカンが多くて困る！」

こうおっしゃる人は、たくさんいます。

デザインや絵柄がかわいいし、何かに使えそうですし、とっておきたくなります。

ここでぜひとも、やってみてほしいことがあります。

空き箱を積み上げてあるだけであれば、ためしに全部、ほかの部屋などに移動させてみるのです。かなりスッキリして、ゆったりとしたスペースが生まれるはずです。

空き箱を移動させただけなのに、部屋が広く、なぜだかシンプルに見える。

この不思議な現象、ぜひ体験してみてください。

スッキリ空間
よいしょ
空き箱
移動しただけで
空間が生まれます！

よく使うものは、すぐ使えるところにある

以前、遺品整理をお手伝いしたお宅でも、ハサミが20丁も出てきたことがありました。同じ種類のモノが何十個もある場合、捨てるモノを決めるよりも、

「いつも使っているのはどれですか？」
「一番使いやすいのはどれですか？」
「一番のお気に入りはどれですか？」

と、**ベスト1（かベスト2まで）を選び、それ以外を処分する**方法があります。

キッチンには、同じようなサイズの鍋やフライパン、ボウル、調理器具がいくつもありませんか。僕もひとり暮らしのときは、なぜか何種類も持っていました。

よく使うのは、重くて割れやすいガラスのボウルではなく、洗いやすいプラスチックの軽いボウルとか、大小サイズ違いの鍋やフライパンを1つずつだけ。

しかも、よく使う調理器具はキッチン周りに出しっぱなしにしていたり、すぐ取り出せるシンク下やレンジ下の手前にしまっていたりするので、選ぶのに迷いません。

いつも使っているものを一瞬で選ぶだけで作業完了、すぐにできます。

コツは、**頭で考えずに手に取る**こと。

普段使っているものは、パッと手に取ります。

逆に言うと、あまり使っていないモノはすぐには手に取りません。

ぜひやってみてください。

「いつもの」以外は処分！
この2つ以外
使っていないな…
サッ
パッ
こちらですよ〜

「同時に使わない」なら1つに絞れる

同時に使わない同じ種類のモノは、**1つだけ残して後は捨てる**で基本的にはOKです。

モノの多いお宅で見かけるものの代表は**ガラスのサラダボウル**です。

大家族やお料理が趣味の人はともかく、大きなサラダボウルを2つ同時に、2種類のサラダを入れて食卓に出すことはまずありませんよね。結局、いつも使っているのは、どちらか1つのはずです。

同様に、**ドライヤー**や**ひげそり**、**爪切り**なども、いつも使っているのは1つという人がほとんどです。

「**使えるかではなく、使っているか**で判断するのは、決めやすいですね」と依頼者さんから言われたことがあります。

捨てる練習としても「キッチン用品」はおすすめです。

雑貨類はそれほど大きなものはないため、たくさん捨てても「スッキリした」という実感がわきにくいかもしれません。

しかし、細かなところから1つずつ、1カ所ずつ、確実に数を減らしていくとスペースが広がっていくので、結果的に部屋も広くなります。

「今日はこの引き出しだけ片づけよう」「シンク下だけモノを減らそう」と思えば、そんなに時間もかかりません。

YouTubeの視聴者の方から「動画を見ながら、1カ所ずつ片づけ始めたら、1年後に部屋じゅうがキレイになりました」という方が何人もいらっしゃいます。

マイペースでいいので、「捨てる」を続けていきましょう。

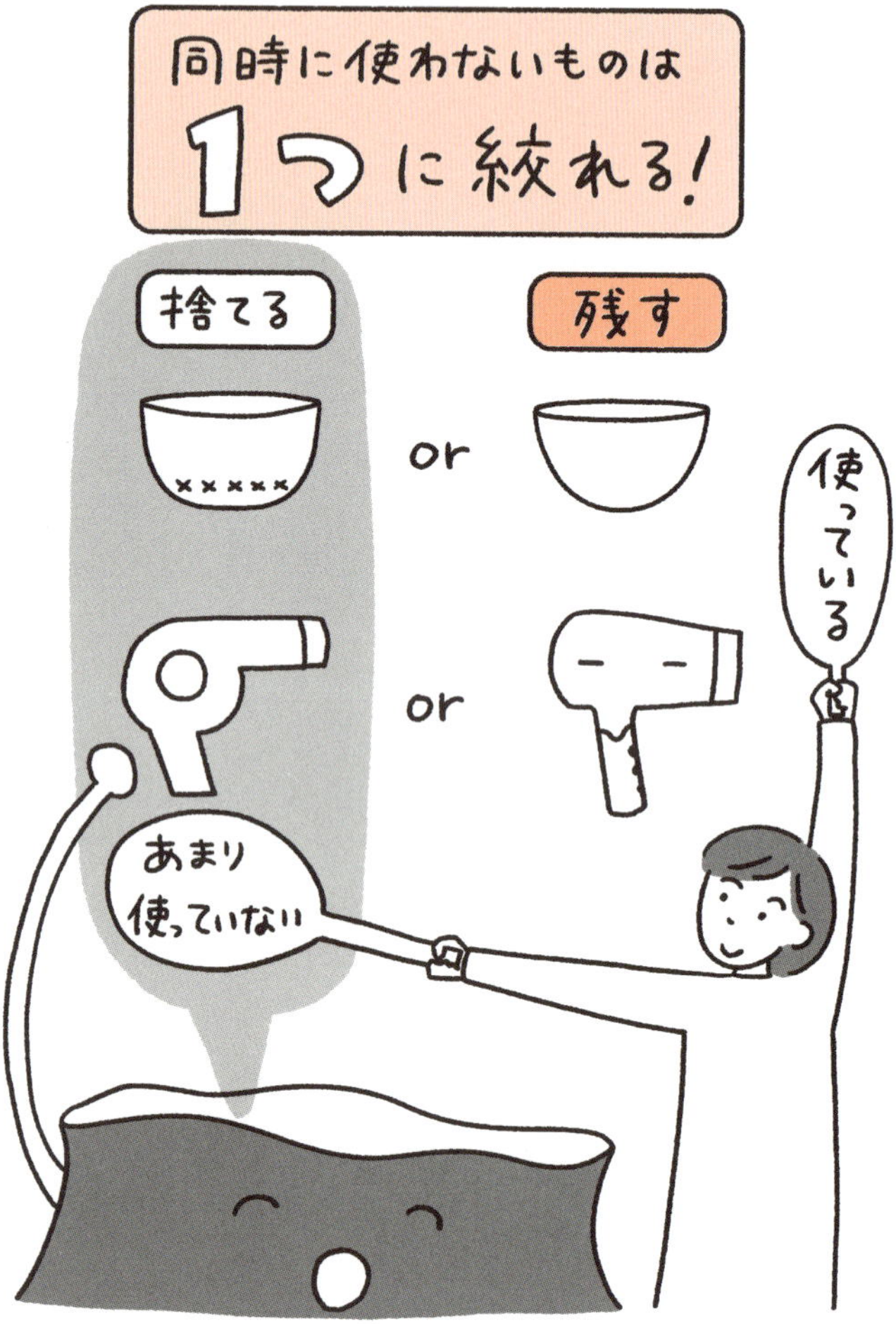
同時に使わないものは
1つに絞れる!
捨てる
残す
or
or
使っている
あまり
使っていない

リサイクルショップをおすすめしない理由

「もったいないからリサイクルショップに出します」と言われることがあります。

正直、僕はリサイクルショップに買い取りに出したり、フリマアプリを使って出品したりすることは、あまりおすすめしていません。

たしかに、昔はゲームソフト、ＤＶＤなどは、それなりの値段がついていましたし、買い取りができないものでも、無料で引き取ってくれるところもありました。しかし今は「０円でも買い取りません」というお店も増えています。

引き取ってもらえず持って帰らないとダメ、これでは二度手間になってしまうと僕たちのところにＳＯＳを出す依頼者さんも、１人や２人ではありません。

「車でリサイクルショップを回っていたんですが、引き取ってくれるところがなくて処分に困っています！」

このような連絡をくれた方に「何を引き取ってもらえなかったのですか？」と聞くと、以下のアイテムがよく出てきます。

- **ベビーベッド**
- **バウンサー**
- **安いチャイルドシート**
- **健康器具**
- **家電製品（箱入りでも引き取ってもらえないことも）**

考えてみてください。チャイルドシートはより安全で快適な新製品が出ていますし、健康器具や家電も安くて高機能なものや省エネ製品が次々と発売されています。みなさんも新しいものを購入したいでしょう。

また、ベビーベッドやバウンサーは使う時期が限られているので、レンタルを利用する方も増えています。レンタルの場合、引き取りにきてもらえるところもあります。

実際に手放そうと思っているモノをメルカリなどで検索してみてください。想像以上に安い値段で取引されていて、似たようなモノが多数出品されていることに気づくでしょう。手間の割に値段がつかない・売れないのだとわかると納得がいき、あっさり手放せるようになります。

この「納得がいく」というプロセスは、捨てるのが苦手な人には大事かもしれません。**「買い取れません」とはっきり言われたことで、「自分がいかに価値のないモノに執着していたのかがわかった」と、突然捨てるスイッチが入った**という依頼者さんもいます。

もしリサイクルショップで、「値段がつかなかったけれど引き取ることができる」と言われたら、タダなのはイヤだと持ち帰らずに、**「困っている人に届けることができるのはありがたいこと」**と、喜んで引き取ってもらいましょう。

リサイクルSHOP
申し訳ありませんがお引き取りできません……
ハァ
ゼェ
ええ〜っ
持ってくるの大変だったのに……！
ドッサリ

本や雑誌は、読みたい人に読んでもらう

本やマンガや雑誌が好きで長年買い続けている方は、リビング、本棚、廊下などいろいろな場所に積み上がっていると思います。僕たちへの依頼者さんで本や雑誌が多かったお宅では、**全部で約3800キロ、トラック7台分を処分**しました。

あるスタッフも、マンガが好きでたくさん買い集めていたそうですが、「引っ越しのとき荷物になるから処分した」と言っていました。

そういうきっかけがないと、「せっかく集めたから」「また読むかもしれない」と思ってなかなか捨てられません。**「買っただけで満足している」**という話に共感の声も寄せられました。

好きで集めたお気に入りのマンガは取っておきましょう。

でも、3巻と7、8、9巻が抜けていて読めないシリーズとか、アプリで読むようになった紙のマンガなどは、手放すタイミングなのかもしれません。

正直、大量にある本や雑誌をダンボールに入れてゴミ置き場まで運び出すのは、とても骨が折れる作業です。とにかく大変。そこでいい方法があります。

「運び出す時間と労力の手間を省く」ために、古本買取業者に回収に来てもらいましょう。

「せっかく来てもらうのなら」と、まとめて一気に手放すことができます。

本の値段はつかないこともありますが、売ることが目的ではありません。荷物を運んでもらうのだということ。**「タダで重い荷物を運び出してくれて助かる」と思えばお得**です。むしろ取りに来てくれてラッキーです。

近所に図書館があれば少しずつ寄贈して活用してもらえますし、送料無料で本の寄附を受け付けているところもあります。

そうした方法で、大切にしてきた本をまた誰かに読んでもらえたら嬉しいですよね。

誰かに楽しんでもらえるのならと、気持ちよく手放しましょう。

なお、床に置きっぱなしで湿気を吸ってしまった雑誌や本は、束ねて資源ごみの日に出してください。

「回収業者の方が来る日を先に決めて予約を入れちゃいました。『もう後戻りができないから片づけるしかない！』と重い腰を上げて一気に片づけました」

こんなふうに自分で自分の背中を押して、ダンボール10個分の本とマンガを処分した方もいます。プロの力を上手に借りて、「捨てる」を進めていきましょう。

持って行ってくれてありがとうございます！
回収しますねー
パアアアッ

ブランド品は1日も早く売りに出す

僕はファッションが好きなので、今の仕事をする前にインポートブランドのアパレルショップで働いていた時期があります。21歳で店長になったときは、洋服を販売するのが楽しくて仕方ありませんでした。

今でも洋服や靴は好きでよく買うのですが、**高級品ほど「使うのがもったいない」と思ってしまう**のは、きっと僕だけではないと思います。

人気ブランドの服やバッグを大切にしまったまま使わずに、結局、フリマアプリなどに売りに出している方がたくさんいらっしゃいます。

このほうが、本当はもったいないですよね。

そのように持っていても使う機会がないブランド品は、できるだけ早く、**そのシーズン中にリサイクルショップで買い取ってもらう**ことをおすすめします。

早ければ早いほど、高く売れます。

リサイクルショップはシーズンものを何カ月も前から集めていますから、

・冬物だったら秋頃
・夏物だったら春頃

が売りどきです。

仮に20万円で買った品物が、そのシーズンに頼んだ後すぐに売って18万円くらいで売れたとしたら十分ですよね。人気高級ブランドの最新作をワンシーズン2万円でレンタル、しかも**クリーニングやメンテナンス、保管料も不要**だと思えば、トクした気分になりそうです。

逆に、20万円で買ったバッグが、10年後にリサイクルショップで1000円でしか買い取ってもらえなかったとしたら……。それはそれで値がついてうれしいですが、かつての人気の品は、リユース品として多く流通しますので、時間がたつほど、価値はどんどん下がってしまいます。

このように、ブランド品は高く売れればラッキーですし、安く売ってしまっても、衝動買いを減らすいいきっかけになります。

ブランド品に関してはネットの個人売買でトラブルなどもあるようですので、古物商許可の免許を持っているリサイクルショップで買い取ってもらうほうが安心かもしれません。

「高かったブランド品が想像以上に安い買取価格でショックでした。それ以来、ブランド品は一生使うもの以外は買わないと決意しました」

「もったいなくて使えなかったブランドバッグ、結局手放しました。次は本当に使うときにレンタルしようと思います」

ブランド品を処分したことで、ものとの向き合い方が変わったという声をよく耳にします。最近はレンタルも充実していますので、うまく利用したいですね。

お願いします〜
今シーズンの新作ですね！
ブランド
高く売れる！
20年前だけど…
一応ブランドものなんです
100円です…
くたぁ…

「捨てる」から「買わない」へ

モノを処分することで、暮らしそのものが見えてきます。

その中で耳にしたのは、依頼者さんたちの**「モノを大切にしてこなかった」という後悔の言葉**でした。

・とっておいた食品が賞味期限を大幅に過ぎていたため、すべて処分せざるを得なかった　↓**すぐに食べなかったことで食品をムダにしてしまった**

・いつか使うだろうと取っておいた割り箸やお手拭き、洗剤、アルコールスプレーが変色したり揮発したり分離するなどして、使い物にならなかった　↓**「いつか」は来なかった。取っておかずに使えばよかった**

・高かったからと奥にしまって一度も着なかった服に虫食いの穴が。ブランドもののスニーカーもゴム部分がポロポロはがれ落ちて、泣く泣く捨てることに　↓**「着て楽しむ、履いて楽しむ」という本来の目的を果たせなかった**

・未整理のまま箱に投げ入れていた写真が、黄ばんで誰が写っているのかさえわからず、すべて処分することに……　↓**思い出せなければ、もはや「思い出品」ではない**

このような現場をいくつも見ているうちに、僕の中でも「もったいない」という考えが変わりました。

モノがあるだけでは、モノを大切にしているとはいえない。

スッキリした自分の部屋を見て

「これからは、自分が必要なもの、好きなものだけ家にお迎えしようと思います」と僕に誓った依頼者さんもいました。1年後、リバウンドすることなく自分の好きなものに囲まれた部屋の写真をメールで送ってくれたときは、この仕事をして良かったと心の底から思いました。

依頼者さんは「本当の意味でものを大切するために、私には『捨てる』というプロセスが必要だった」と話してくれました。

捨てるのが苦手な人は世の中にたくさんいます。

正直に言えば、僕も得意なほうではありません。

それでも、先送りせずに捨てることと向き合う。

1日5分でも、捨てる練習をコツコツ続ける。

この積み重ねで、いらないものは買わない・もらわない、地球にも自分自身にも優しい暮らしができるようになることを、僕はたくさんの依頼者さんたちから教えていただいたのです。

「捨てる」から「買わない」「持ち込まない」に
さよーなら
捨てる
ごめんよ、ありがとう
大切にしたいから
「買わない」「家に入れない」
ヤッホー
セール品
無料
まとめ買い
おまけ
NO!

COLUMN

保冷剤と空き瓶で、虫よけグッズを作る

夏の時期に急速に増えがちな保冷剤も、なかなか捨てられないモノのひとつです。冷凍庫が保冷剤でいっぱいになっている人もいるかもしれません。

そんな方におすすめしたいのが、**保冷剤で簡単に手作りできる虫よけグッズ**です。この本で何度も虫の話をしているので、作ってみたくなりますよね。

用意するものは、ふた付きの小さなガラス瓶とハッカ油、そして保冷剤だけです。

100円ショップにも結構おしゃれなガラス瓶が売られていますが、ものが増えるのはよくないので、**ジャムや調味料の瓶を洗って再利用**しましょう。

保冷剤の中身はほとんど水で、オムツにも使われている高吸収性ポリマーが入っていてドロドロしていますが人には無害なので、それをガラス瓶の半分くらいまで入れます。保冷剤の大きさにもよりますが、**小さいものであれば3〜4袋ぐらい**使うかもしれません。

そのゼリー状の保冷剤に、**ハッカ油を原液のまま数滴垂らして**ください。あとは瓶のふたにキリで数カ所穴を開けてから、ふたを閉めます。これで完成です。

キッチンの下、寝室、窓際などに置いておくと、蚊やハエはもちろん、ゴキブリよけの効果もあります。これだけで殺虫効果があるわけではありませんが、キッチンや寝室に虫を寄せつけないだけでもかなり便利です。

ただし、ハッカ油の効能は1週間から10日間で弱くなるので、その期間をめどに**ハッカ油を注ぎ足せば効果が持続**します。

詳しい作り方を知りたい人は、「イーブイ片付けチャンネル」の動画をご覧ください。

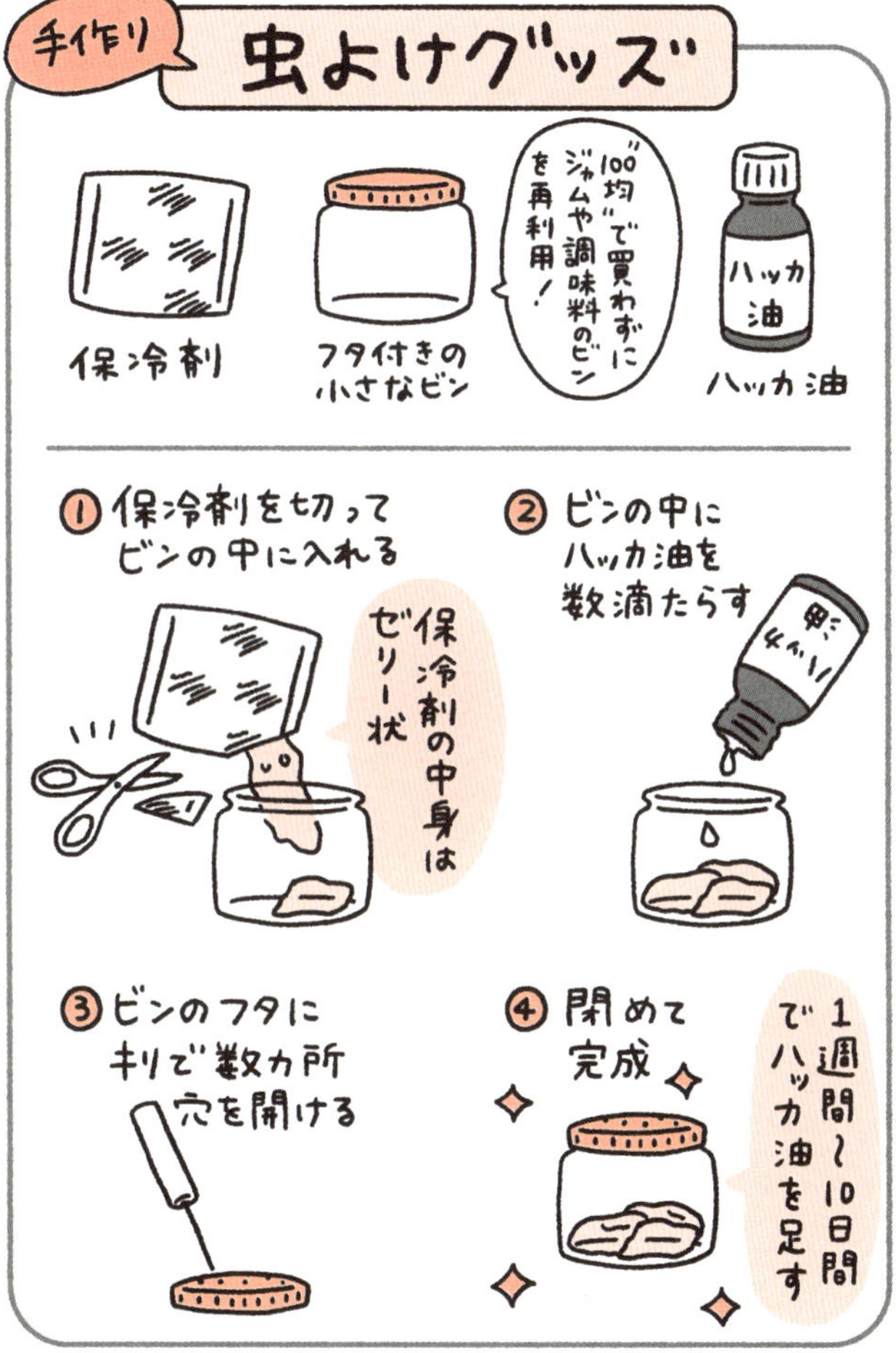
手作り
虫よけグッズ
保冷剤
フタ付きの小さなビン
"100均"で買わずにジャムや調味料のビンを再利用!
ハッカ油
ハッカ油
①保冷剤を切ってビンの中に入れる
保冷剤の中身はゼリー状
②ビンの中にハッカ油を数滴たらす
③ビンのフタにキリで数カ所穴を開ける
④閉めて完成
1週間〜10日間でハッカ油を足す

第4章

実家のモノを捨てるコツ

実家の片づけに関しては、さまざまなトラブルと、
それらを依頼者さんご自身が解決してきた様子を
現場で見てきました。
こうした経験から、
実家の片づけは「やり方を知っているだけではダメなのだ」
と学ばせていただきました。
実家に関しては、やり方を知っていてもうまくいきません。
最後に、僕たちが考える「実家のモノを捨てるコツ」を紹介します。

親が元気なうちに「実家を片づける」ことが大切な2つの理由

一番むずかしいけれど、実家の片づけは早く始めたほうがいいです。

理由は2つあります。

1つは**親御さんのため**です。

親御さんに健康で安全で、幸せな暮らしをしていただきたいからです。

「片づいたら孫やペットとも遊べるようになり、ご近所さんも呼べるようになった」

実家に限らず、**モノを捨てたことで人間関係が改善する**ことはよくあります。

「実家の不要なモノをすべて処分したら、親の性格が変わって明るくなったんです」

「実家を片づけたら、母が明らかに以前より元気になりました」

こんなふうに、モノを捨てたことで親御さんの心身に変化が表れたという話もよく聞きます。

もう1つは**お金をかけずにできることが多い**からです。

親御さん世代の方がこの本を読んでくださっているのであれば、ぜひお伝えしたいことがあります。

「(亡くなった後)**家の片づけにかかるお金**」は用意されているでしょうか?

お葬式やお墓にかかるお金は、あらかじめ親御さんが残しておいても、**「家の中にある、大量の不要なモノを処分する費用」については見落とされがち**です。

遺産相続によって、片づけ費用を清算できれば問題ありませんが、相続する遺産がなければ家族が負担するしかありません。この金額は結構大きい。

実家の片づけ（遺品整理）に、5日間でトラック7台分の荷物を運び出したこともあります。このくらいの量だと、金額もそれなりになってしまいます。

事情はさまざまですが、実家の片づけ問題は特に費用の面で、みなさんとても苦労されています。僕も家族の遺品整理などでお金に苦労したことがあるので、よくわかります。

僕がこれまで見てきたのは……

- **コツコツ貯めていた子どもの教育費を、すべて実家の片づけ費用に回した人**
- **自身の家を売却したお金で、実家の遺品整理をせざるを得なかった人**
- **実家を自分一人で片づけようとしたら、自分の生活が崩壊寸前になった人**

このような方々です。

過去の整理のために未来が犠牲になるというのは、本当に悲しいことです。

実家の片づけは早く始めるべし!!
理由1
健康で安全!!幸せな暮らしができるから!
のび
理由2
お金をかけずにできることが多いから!!
捨てるだけ!
できることからコツコツと

意外と知らない、実家の片づけにかかる費用

もしものことがあったとき、実家の片づけにどのくらいお金がかかるのでしょうか。一戸建てでもマンションでも、3LDKや4LDKのお宅の場合、作業人数と日数にもよりますが、**片づけ費用に数十万円**は軽くかかります。

エレベーターがなかったり、外に物置や倉庫があったり、トラックの出入りが不便で作業期間が長くなると、料金が上がります。

僕たちのところではありませんが、「100万円と言われた」という相談者さんもいました。

賃貸住宅であれば、整理するまでの間も家賃を払い続けなければなりません。すぐに退去とはいかないでしょうから、最低でも3カ月から半年くらいの家賃はかかると思っていいでしょう。家賃が10万円ならば、**3カ月で30万円以上**かかります。

「親が亡くなった後、悲しみに浸る間もなく探し物や手続きに追われて、ちゃんとお別

れできなかった」と、涙ながらに話される方もいました。

こうした悲しい事態を避けるためにも、親が元気なうちに実家の片づけを進めて、通帳や印鑑、保険証券などの貴重品の場所は知っておきたいですよね。

「将来、子どもたちに迷惑をかけないよう、老後のために貯金をしておいたのに、親の遺品整理で消えてしまうとは……」

こうおっしゃった依頼者さんは、「自分の子どもたちには同じ思いをさせたくないから、これを機に自分の家の不要なモノを一気に処分しました」と話してくれました。

お金のことは親子で話しにくいものです。あせらず、**まずは親御さんが「実家を片づけてもいいかも」と思えるような関係性を築く**ことから始めましょう。

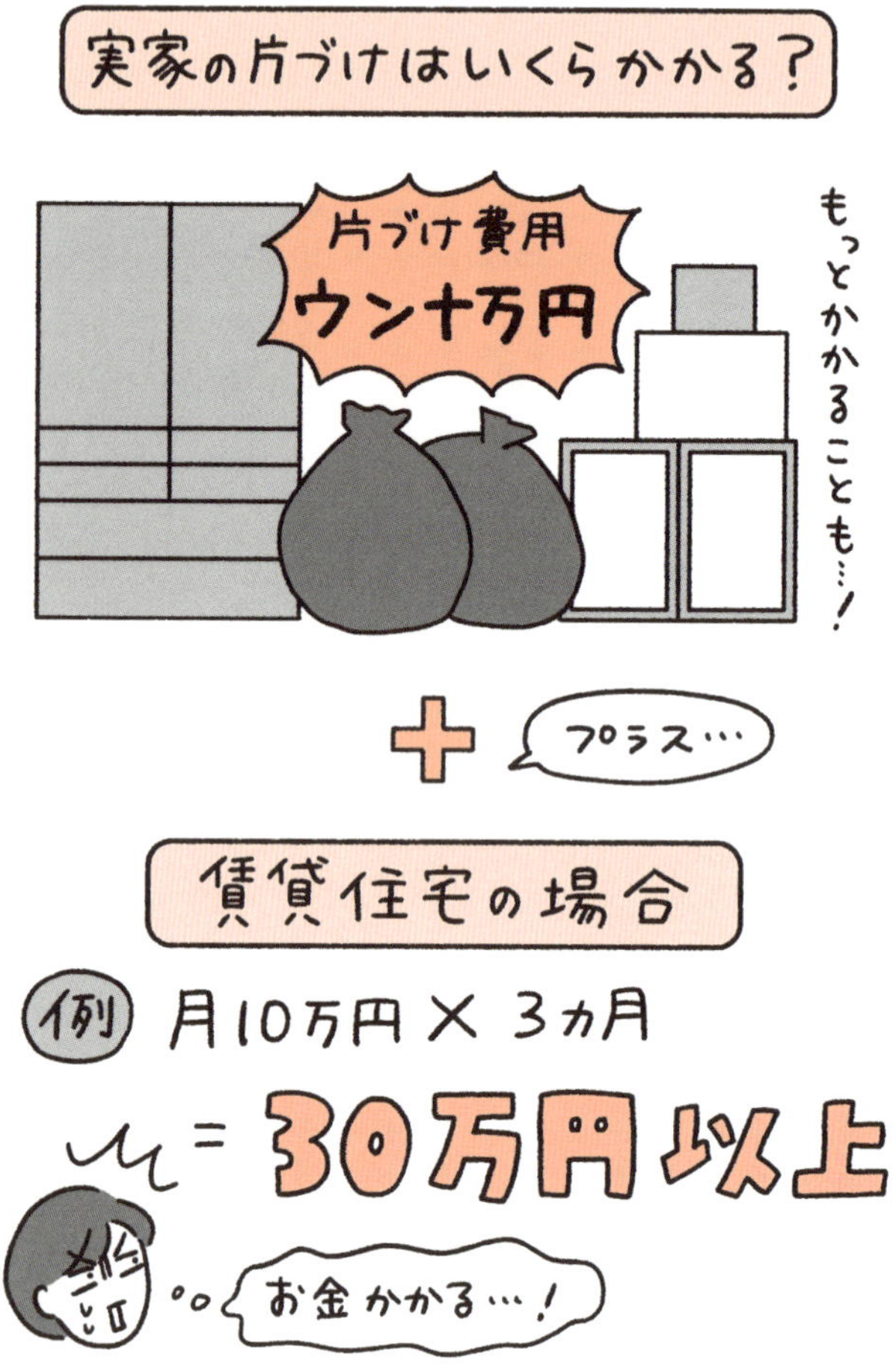

実家の片づけはいくらかかる？
片づけ費用
ウン十万円
もっとかかることも…！
プラス…
賃貸住宅の場合
例
月10万円×3カ月
＝30万円以上
お金かかる…！

親はまだ「捨てるスイッチ」が入っていない

実家の片づけが必要だとわかったものの、「やり方」を間違えると親子関係が険悪になり、実家に出入り禁止になる人もいます。
まず大事なのは、**実家の片づけは想像の10倍以上の時間がかかる**という事実です。すぐにはできないし、すぐにやってはいけません。

この本を読んでくださったあなたは、「捨てるスイッチ」がONになっています。
しかし、**実家の親御さんは、「捨てるスイッチ」はOFF**です。
ここに「温度差」があります。
やるべきことは**親御さんの「捨てるスイッチ」をONにすること**です。

そもそも何十年も住み続けてきた家を、1日2日でさっさと片づけさせようとすること自体、無理があります。生前整理など、今はまだ夢のまた夢です。

親を説得するまでには何年もかかります。

「3年かかってようやく母が食器棚の整理を始めました」と話す依頼者さんがいますが、これは一般的なケースです。

「断捨離が趣味の母は、10年以上かけて不要なものを処分していましたね」

捨てること・片づけが趣味の人でも、10年かかるということです。

だからこそ、1日も早く始めたいのです。

大事なことは、親が自分から「そろそろ片づけよう」と思える方向へ気持ちを向かわせてあげることです。

実家の片づけは「超」長期戦です。

あせらず「急がば回れ」方式でやっていきましょう。

さ!!捨てるよ!!
片づけるよ〜!!
オー!
え?
全部使っているし
困っていない!
やる必要ないから!
ほらほら!
捨てるスイッチ
ON
OFF
やめてよ〜
温度差に注意!!

いきなり押しかけて片づけるのは絶対にダメ！

「親に『片づけたら』と言うだけでケンカになる」

「片づけたくても家に入れてくれない」


このような相談が僕たちのところに山ほど届きます。

親子といえども**絶対にやってはいけない行為**があります。

それは、**本人の了承を得ずに勝手に片づける**ことです。

親御さんには親御さんの考え方、価値観、こだわりがあります。それを無視して勝手に不要品を処分したり、何がどこにあるのか強引に聞き出したりすると、神経を逆なでして、より頑固になってしまいます。

親切という名の押し付けは、相手への攻撃と同じ。

親御さんはあなたのことを自分の家のモノをどんどん処分してしまう、**自分のモノを**

奪う「敵」だと思ってしまうかもしれません。

こうなってしまうと、何を言っても一生、片づけを拒否するでしょう。

「ああ、私のことを敵だと思っているから、お母さんは話を聞いてくれないのか」と、納得したという相談者さんもいました。


ではどうすればいいのでしょうか。

親御さんの味方になることです。

何を言われても、親御さんに寄り添うと決めることです。

相手の立場になって考えてみましょう。

いきなり家に押しかけてきて、自分の部屋にあるモノを片っぱしから勝手に捨てられたら、どんな気持ちになるでしょうか？

事情はどうあれ、**親御さんは「今の状態」で毎日暮らしている**のです。

このことを理解することが、実家の片づけの最初の一歩です。

絶対に
やってはいけないこと
NO!
二度と家に入らないで!!
出てけ!!
もーホントにゴミだらけだね〜
ポイ
捨てるよー
ポイ
いきなり押しかけて
勝手に片づける

「ゴミ」「汚い」「片づけて」は3大NGワード

どんなに散らかっているとしても、**親御さんにとってはそこが唯一の居場所**です。にもかかわらず、実家を早く片づけてもらいたいあまり、こんな言葉を口にしてしまったことはありませんか？

「ゴミは早く捨てたほうがいいよ」

「なんでこんなに部屋が汚いの」

「1つずつでもいいから片づけて！」

これ、全部禁句です。

「ゴミ」「汚い」「片づけて」は、言えばケンカになるか親子関係が険悪になる**3大NGワード**です。ほとんどの場合、「もう来ないでいい」「顔も見たくない」と追い返されます。

「だらしがない」「ちゃんとして」といった言葉もダメです。
言われた親御さんやご家族は、自分の存在を否定されたと感じてしまいます。
人格否定をされたと感じたら、家だけでなく心の鍵も閉めてしまいます。
親御さん自身が抱えている何か**「事情」**があるかもしれません。

- **足腰が弱くなってしまった（ゴミ捨てに行けずゴミだらけ）**
- **出かけるのがおっくうで通販で買い物をしている（ダンボールが山積み）**
- **実は体調が悪く、何かをする気力がわかない（家は散らかし放題）**
- **ひとり暮らしはさみしいけれど、モノに囲まれていると安心（気づけばモノ屋敷）**

このような事情があるのに、頭ごなしに否定してしまったとしたら……。
親子関係はうまくいきませんよね。
まずは親御さんの話を聞くこと、**日常会話からスタート**しましょう。

3大NGワード
1
ゴミ
ゴミは早く捨てたほうがいいよ
ゴミじゃない!
2
汚い
なんでこんなに部屋が汚いの!?
汚くないわよ
3
片づけて
1つずつでいいから片づけて!
もう放っておいて

実家の片づけで最初に親御さんにかける言葉

実家の片づけの第一歩は、**何気ない会話**から始めます。

親御さんに最初にかける言葉は**「最近、何か困っていることはない？」**です。

親御さんに「毎日の生活で、面倒だと感じていることや、不便だと感じていることはないか」を聞いてみるのです。**「気になっていることはない？」**と聞くのもいいでしょう。

「特にはないねえ」と言われても、普段どんなふうに暮らしているのかを、1つずつたずねてみましょう。ただし、根掘り葉掘り聞くと警戒されるので、ゆっくり話を聞きましょう。

家の中を見ながら「布団は毎日押入れにしまっているんだっけ？　えらいねえ」とか、「そういえばこれってどうしているんだっけ？」といった感じで、少しずつ話を引き出していきます。

「そうだね、最近は布団の上げ下げがしんどくなってきたわ」と親御さんが話したら、「たしかに大変そうだね。手伝おうか」と、布団を押入れに入れてあげましょう。

親御さんが「いや大丈夫だから」などと断ってきたら無理にやってはいけません。

「腰は大丈夫？」などと、親御さんにねぎらいの言葉をかけるだけにします。「まだ子どもの世話になりたくない」というプライドがあるのかもしれません。

ムッとして「親切で言ってあげているのに」などと、上から目線で言い返すのは絶対にNG。大切なのは**「あなた（親御さん）のことを思っている」という気持ちを伝えること**。ここをお忘れなく。何事も急がば回れです。

実家の片づけの第一歩

まずは会話から！

実家の片づけの必要性を口コミや動画で伝える

親というのは子どもの話を素直に聞いてくれません。なのに近所の人の言いつけはちゃんと守っていたりするから、ちょっと腹が立ったりしますよね。

であれば、**他の人から聞いた体験談や、動画で知った実家の片づけの大変さを、遠回しに親御さんに伝える**のも1つの方法です。僕たちを利用してください。

僕は自分自身の経験から、YouTubeを通じて生前整理の大切さをお伝えしています。

親子でも直接言いにくいことは、第三者を経由して伝えると角が立ちません。

それがむずかしい場合は、「この動画、おもしろいよ」とか、「この動画私が見たいから一緒に見ない？」など、押しつけがましくならないよう気をつけながら、親御さんとYouTube動画を見てください。

「父は無口で会話が続かない」と悩んでいた男性の相談者さんは、僕たちの動画を親御さんと一緒に見るようになってから、親子であれこれ話すようになったそうです。

とはいえ、初回から遺品整理を話題にするのは刺激が強いかもしれませんので、**片づけの動画から見始めるのがいい**でしょう。

別の相談者さんは、親御さんの家のテレビでYouTubeが見られるよう、僕たちのチャンネルを登録してあげたところ、お一人でも見るようになったそうです。親御さんが動画を何本か見た後に、「片づけようかしら」と言い出したのだそうです。ここで初めて「何か手伝おうか」と伝えたところ、片づけが一気に進んだそうです。**何事もタイミングですね。**

親子で片づけ動画を見るのもおすすめ

「住みやすさ・安全性」を意識した言葉がけを

年齢を重ねれば動きも鈍くなりますので、部屋にモノがたくさんあると、それだけで危険です。つまずきやすいですし、高い所にあるものを取ろうとしてケガをしたり、探しものも増えたりします。

そんなときは、親御さんに次のように声をかけてみます。

「つまずいて転んだら**大変**だから、ここにあるダンボールは片づけようか」
「地震のとき**危ない**から、ベッドの後ろにある洋服ダンスを移動しようか」

ポイントは、**主体が親御さん**であることです。

- **お母さんが転ばないよう**
- **お父さんが安全に暮らせるよう**

相手の身になって相談を持ちかけます。

親御さんも「心配してくれているんだな」と、聞く耳をもってくれるはずです。

残念ながら、すぐに**「じゃあ（ダンボールの中身を）捨てよう」「（洋服ダンスを）処分しよう」とはなりません。「そうだねえ」と言って動かない可能性も大**です。

それでいいのです。

「捨てるスイッチ」は簡単にはONになりませんから。

「ここは危ないから、こっちに移動しようか？」など、スモールステップから始めればいいのです。

大切なのは「あなたのことを思っている」という気持ちを伝えることです。

それでも折々に、安全面や住みやすさの面から片づけを相談すれば、親御さんも少しずつ考えるようになるでしょう。

親御さんのためという気持ちで声かけを
地震のときこわいから移動しようか
そうだね〜

ゴミだと思っても勝手に捨てない

実家の片づけを親御さんが許可したとしても、安心してはいけません。ちょっとしたきっかけで「やっぱり片づけたくない」「もう捨てなくていい」となることはよくあります。そういう意味でも、実家の片づけは長期戦なのです。

特に気をつけていただきたいのは、**何でも勝手に捨てること**です。先ほど敵・味方の話をしましたが、どんなに面倒でも「味方であり続ける姿勢」を示すことです。

「これは絶対にゴミだろうな〜」と思うものであっても、必ず「これは捨てていいかな?」と一言確認してください。**むしろ絶対にゴミだろうというモノこそ、親御さんに1つずつ確認する**のです。

捨て慣れていない人は、まずは「捨てる」に慣れることが大事だと、前にも触れました。この基本を飛ばしてしまうと、モノを捨てることへの抵抗感が強いままで、ある瞬間に、**突然、片づけが進まなくなる**からです。

「捨てる」に慣れていないと、どこかの段階で「やっぱり（片づけは）いいや」とか「もう片づけたくない」となってしまいます。

せっかく捨て始めたのに、たった1日で「もうやらないでいい」と親に言われてしまったという相談もよく受けます。

こうなってしまったら、いったんストップです。

無理はせず、**本人が再びやる気になるまで、じっくり待ちましょう**。

ここから何年もかかる人もいます。

実家の片づけは、**何度も止まりながら少しずつ進んでいくもの**だと心得ましょう。

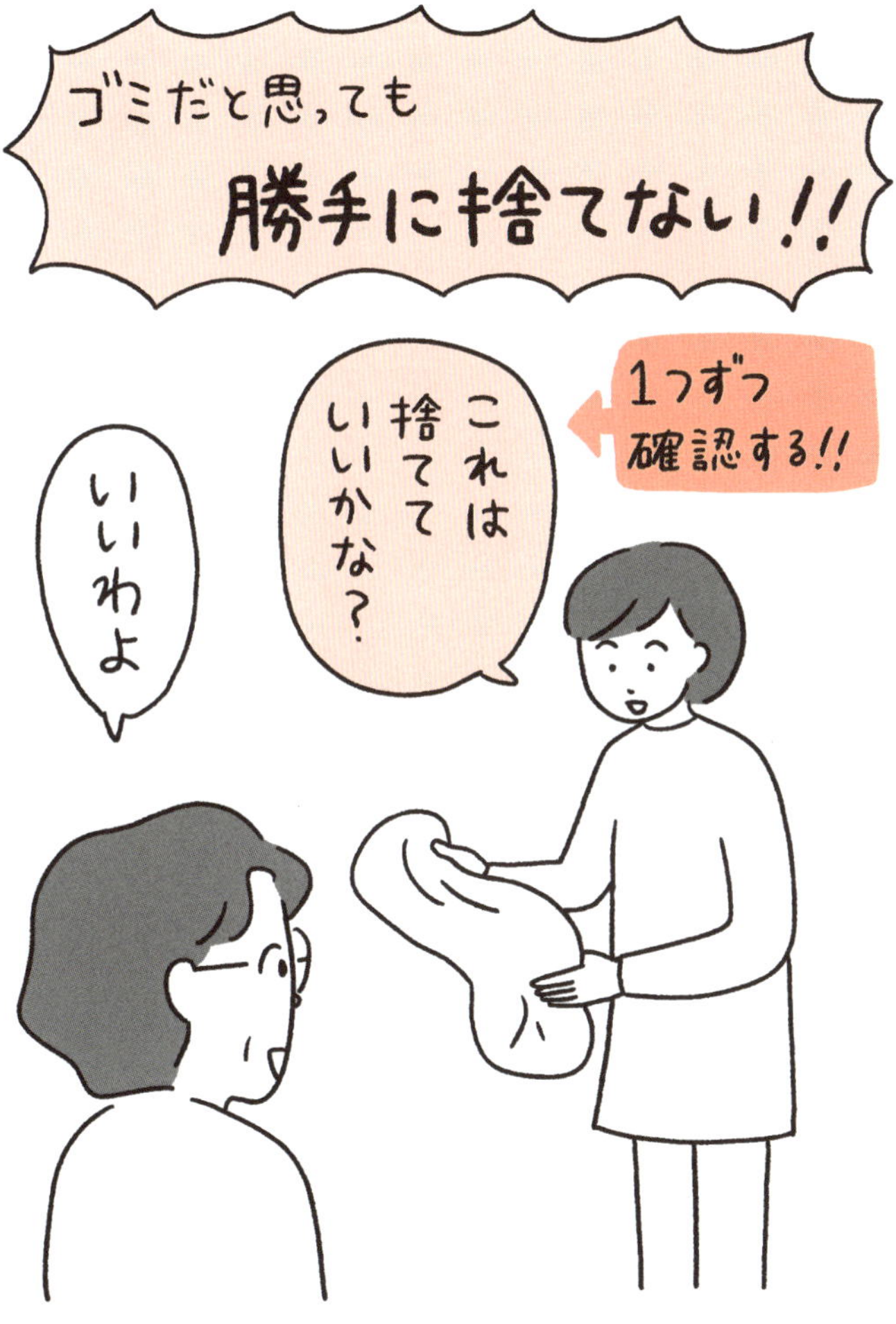
ゴミだと思っても
勝手に捨てない!!
1つずつ確認する!!
これは捨てていいかな?
いいわよ

実家にある「大量のモノ」は親ががんばってきた証

最後に、実家の片づけを進めるうえで一番大切にしたいことをお伝えします。

実家にある「大量のモノ」たちは、**親御さんが長い人生をがんばって生きてきた証**だということです。

依頼者さんや相談者さんが僕たちに教えてくれました。

子どもの記憶にあるたくさんの「モノ」たちは、親御さんが子育てをがんばってきたからこそ、そこに存在するのです。

ある相談者さんが実家の片づけをお母さんとしていたときの話です。

キッチンから、昭和生まれの人には懐かしいアルマイト（アルミ）製のお弁当箱が出てきました。もちろん、今は誰も使っていない「不用品」です。

しかし、お母さんは最初はそれを絶対に捨てようとしませんでした。

「今使っていないでしょ」と言っても、「使うかもしれん」とかたくなに拒否しました。

ここまではよくある話です。

仕方なく片づけだけを進めていたときに、相談者さんはお母さんに話しかけました。

「お母さんは、こうして毎日、私のためにお弁当を作ってくれていたんだね」

「私、このキャラクターが好きだったんだよね。お母さんの卵焼きときんぴらごぼうも好きだったなあ〜。懐かしいね……、**今までありがとね**」

面と向かって言うのは恥ずかしいので、お弁当箱を片づけながら言ったのだそうです。

すると、これまで「何1つ捨ててくれるな」と言っていたお母さんが、「もう、これはいらんね」とポツリ。泣きそうな、でもどこか安心した顔をしたお母さんが、自らアルマイト製のお弁当箱をゴミ箱に捨てたのだそうです。

そのときに相談者さんは気づきました。

ここにある大量のモノたちは、お母さんの人生そのものなんだと。

相談者さんは、急いで実家の片づけをやめました。

その代わりに、一緒に懐かしいものを手に取りながら、親子で思い出話をすることにしたのです。

結果として、お母さんは家にある大量のモノたちを、次々と手放していきました。

実家に「片づけに行こう」「捨てに行こう」ではなく、「思い出話をしに行こう」。

懐かしい話を引き出すために、**「ネタ探し」として一緒に片づけをするんだ**。

こんなふうに意識と行動を変えたことで、逆にお母さんの「捨てるスイッチ」が入ったのだそうです。

お母さんの人生が肯定され、ともに懐かしい思い出として語り合うことで、不用品たちは最後の役目を果たすことができたのです。ギスギスしていた親子の仲も、モノがなくなると同時に雪解けしたのだとか。

相談者さんは言いました。

「母が生きているうちに片づけができてよかったです。でも、それ以上に、母が生きているうちにゆっくり話ができてよかったです」と。

実家の片づけは、親子の絆を取り戻すための大切な時間だったのかもしれません。

おわりに

モノを手放すと「未来」のことを話したくなる

ここまでお読みいただき、ありがとうございました。
捨てることについて、何らかのヒントや気づきがあればうれしいです。
最後の最後で、みなさんが一番捨てられないモノについてお話しします。
誰もが一番手放しにくいのが、思い出の品です。

しかし、これだけはお伝えしたいです。

モノを捨てることは、
大切な思い出を捨てることでは決してありません。

震災で家を失ったおばあちゃんが、そこで暮らした穏やかな日々のことを話しているのをテレビで見たことがあります。「大切な思い出」は、簡単に奪い取ることなどできません。心の中にちゃんとしまってあるからです。

逆にいえば、**思い出の品を捨てられない人が、思い出を大切にしているかといえば、そうとも限りません。**その存在さえ忘れている人もいます。

・管理が甘く、虫食いでボロボロになってしまった着物
・誰が写っているのかもわからないほど、色あせてしまった写真
・いつもらったのか忘れてしまった、何かの記念品

もはや**思い出すことができない「思い出の品」**が、押入れや物置からいっぱい出てきた。みなさんも経験があるかもしれません。

だからといって、そのことを責める必要などまったくないのです。

なぜなら**今の暮らしを大切にしている証拠**ですし、すでにそのモノの役目は終わっているという考え方もあります。

これを機に、**手紙や家族の記念写真など本当に大切なものだけ手元に残し、見返すことのない「形ばかりの思い出品」は、勇気をもって手放してみる**のも一案です。

そのほうが、思い出品も存在価値が高まると思いませんか？

思い出品を撮影しデジタルデータにして、デジタルフォトフレームに入れた依頼者さんがいます。フォトフレームを2個買って、おじいちゃんおばあちゃんの家にも飾っているそうです。懐かしい写真がランダムに表示されるので、おじいちゃんおばあちゃんとの共通の話題もでき、お孫さんも喜んでいるそうです。

このように今の暮らしが豊かになるような「思い出品」は、もはや「過去の思い出」ではありません。あなたや家族にとって、**今と未来をつなぐ本当に「大切な宝物」**でしょう。

思い出品で忘れられない話があります。

あるお宅で、引き出しの奥の奥から、お子さんからの手紙が出てきました。

実はそのお宅は、ご長男がすでに亡くなっていたのです。喪失感から何もできず、モノが増え、部屋は散らかり放題でした。

引き出しの奥にあったお子さんからの手紙には、親御さんの健康を気遣うメッセージが書かれていました。

依頼者さんは手紙の存在を忘れていたことを反省し、涙していました。

「モノにあふれて暮らして、自分にとって大切なものをないがしろにしていた」

「息子は私たちの健康を願っていたのに、不健康な暮らしをしてしまっていた」

お手紙が見つかった後は、次々と不要なモノを手放されました。

もちろん、息子さんからのお手紙は大切な宝物ですから、大切に取っておきます。

本当に大切なものを大切にするために、それ以外のモノを手放す。

依頼者さんから教えていただきました。

依頼者さんは、「片づけられなかった事情」やご家庭環境など、過去のことからお話しされることがほとんどです。

ところが、「ずっとお休みしていた趣味を再開したい」とか「あんな家具を置いてみたい」など、みなさん**部屋がきれいになっていくと、自然と未来のことを話し出す**のです。

そして不思議なくらい、**表情は明るくなり、数時間で別人のように元気になります**。顔つきが変わる人もいます。僕たちが作業している間に、依頼者さんにいったい何が起こったのかと毎回驚いています。

片づけたお部屋にも変化が訪れます。

部屋の空気が通り、床もピカピカになると、家の気が良くなるというか、**一瞬で心地よい空間に生まれ変わります**。まるで部屋が喜んでいるかのようで、本当に不思議です。

片づけの現場に立ち会った、この本の編集者さんも感動していました。

依頼者さんの変化と笑顔、さらには部屋が生まれ変わる瞬間に立ち会うたびに、この仕事をやっていてよかったと心から思います。

この本を手にとってくださったあなたにも、驚きの変化と明るい未来が訪れることを心から願っています。

最後に、この本の制作にあたって、たくさんの方にお力添えをいただきました。

この本の企画を提案し、編集も担当したダイヤモンド社の和田史子さん、僕の話をまとめてくださった樺山美夏さん、わかりやすく楽しいイラストを描いてくださったヤマサキミノリさん、素敵なカバーと本文に仕上げてくださったデザイナーの上坊菜々子さん、ＤＴＰの桜井淳さん、そのほか書籍を読者のみなさんに届けるために携わったすべての方々に心から感謝申し上げます。

また、本作りを進めるなかで、さまざまな質問をくださった視聴者のみなさんにも、この場を借りてお礼申し上げます。いつもありがとうございます。

僕たちの依頼者さん、何より大切なイーブイの仲間たちと家族にも感謝を伝えたいと思います。

そして、この本を手に取ってくださったあなたに。
本当にありがとうございます。

最後の最後に、この本についてお伝えしたいことがあります。
この本の表紙には、リサイクルされた紙を100％使用した「エースボール」という紙を使っています。ノートのような風合いと環境への配慮から、この紙を選びました。

「捨てるコツ」を身につけたその先に、本当に大切なことがあります。
それは、人とものを大切にする気持ちです。
この本があなたにとって、大切なものを見つめ直すきっかけになれば、僕たちにとってこれ以上の喜びはありません。

どうぞ、この一冊があなたにとって温かい存在になりますように。

二見文直

巻末特典

部屋（場所）別・捨てるコツ

最後に、玄関、キッチンなど「部屋（場所）別」の捨てるコツを特別に紹介します。

どんなにやる気があっても一気に終えようとするのではなく、1カ所ずつ、ゴミ捨ての日の前日などにやるのがおすすめです。

「数カ月ぶりに時間が取れたから、この部屋からモノを捨てよう」でいいのです。

自分のペースでやることが大事です。

家じゅうの片づけを終えてからしばらくして、もう一度玄関から見直す人もいます。

捨てることに慣れているので、「2回目のほうがたくさん捨てられた」というお話をよく耳にします。

さっそく見てみましょう。

モノを出しやすい順番でやる

第1章で片づけには順番があるとお伝えしました。
家全体を片づけるときも、同じく順番があります。
ここで紹介する順番で、「捨てる」を進めていただくのがおすすめです。

①ゴミ出しができるよう、動線を作る（玄関、廊下から）
②「捨てる」がやりやすい場所から取りかかる（狭い場所、思い入れの少ない場所）

この2つが基本です。

逆に、ここからやってはいけない場所は次の4つです。

- **押入れや納戸、クローゼットなどの大きな収納場所**
- **ベランダ**
- **リビング**
- **コレクションや推しのグッズ、思い出品の多い場所**

収納が多い場所は、モノを出してしまうと余計に散らかってしまい、挫折しやすいからです。「捨てる」ことに慣れた後に手をつけます。

また、普段からよく使っている場所、リビングなども「捨てる」ことに慣れてからのほうが早く片づけが進みます。慣れないうちはすべて「残す」ものに見えてしまうため、なかなかモノを減らせないのです。だからあえて後回しに。

コレクションや思い出品のある場所も、急いでやる必要はありません。できるところから少しずつやってみてください。

玄関・廊下

不要なモノやゴミを出す通路を確保するため、最初にやりましょう。達成感も得やすいのでおすすめです。

玄関と廊下に空間を作る

廊下や玄関は「とりあえず置き場」として活用しているお宅も多いでしょう。掃除機、飲料水、届いた荷物などが積み重なって、玄関や廊下が「プチ物置き」状態になっていませんか？

家中のモノを減らすには、ゴミを運び出しやすくする動線（廊下のスペース）を確保しなければいけません。**目的は玄関と廊下に空間を作る**ことです。モノが多いお宅は、家具やゴミの運び出しがスムーズにできるように、玄関や廊下の**床の半分以上は空ける**ことを目指しましょう。

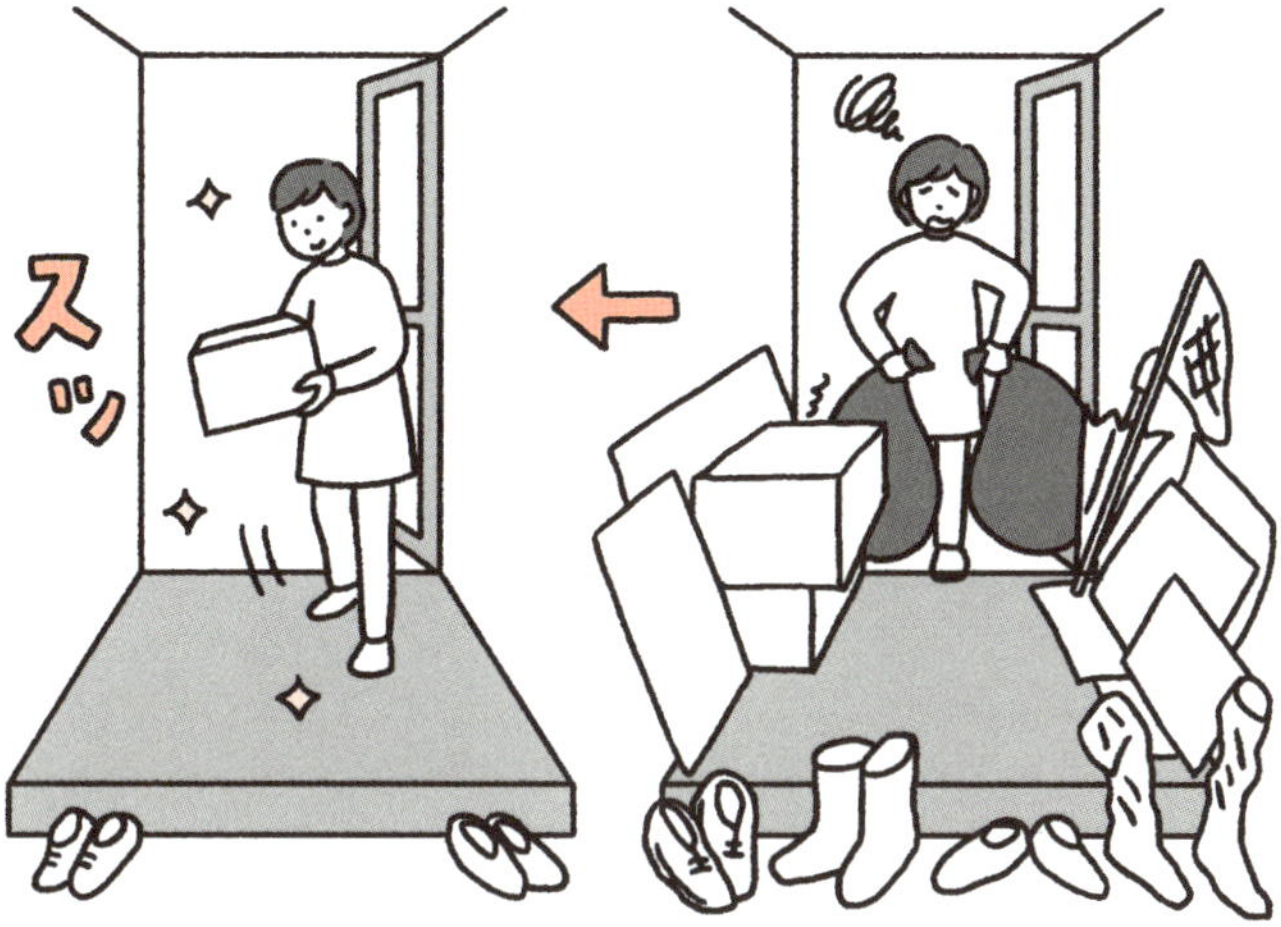

やること

□玄関や廊下で使わないモノを移動させる
（or捨てる）
例：掃除機、トイレットペーパー

捨てるモノ

□ゴミ袋や新聞・雑誌などの「処分するつもりだったモノ」
□ダンボール類（中身を出して、まとめる）

靴箱を開けて全部の靴の状態をチェック

靴箱から靴を全部出す必要はありませんが、**靴箱は全部開けて目で見て、状態を1足ずつ指差しor触れて確認**しましょう。

捨てるモノ

□靴箱：紙のものはゴキブリの卵がついていることもあるので、収納の問題がなければ処分

□次のような靴は処分する

□なんらかのストレスがある

□靴ずれする、かかとが抜ける（サイズが合っていない）

□履くのが面倒くさい（ロングブーツ、靴ひもやストラップがある）

□重い、歩きにくい

□合う洋服がない（少ない）

□カビが生えている、カビ臭くなっている

□底がボロボロ、劣化している（スニーカーなど）

□ヒールが取れている、留め具が壊れている

□革がめくれている、色が落ちている

□デザインが目立つ流行の靴（特にブーツやサンダル）

靴の修理やクリーニングは結構高いので、高いお金を出してでも履きたいかどうか考えて。次のシーズンの新作を楽しみにしつつ、「今までありがとう」と感謝して手放しましょう。

高級ブランドの靴は、状態が良ければ買い取りに出してもいいですが、シーズンオフのもの（冬にサンダル、夏にブーツ）は買い取ってもらえないこともあるので要注意です。

余分な靴べら、固まった靴クリーム、古いスプレー

玄関にある雑貨類は何を捨てていいか迷いがちですが、**考えずに処分**することをおすすめします。

捨てるモノ

使えない・使っていない

□ガビガビに固まった古い靴クリーム：固くなったクリームは劣化して使えないので、クリーム部分は古い服やタオルに染み込ませて燃やせるごみに、外側のビンや缶は資源ごみに直行です。

□靴磨き用にとっておいたボロ布：大量にため込んでいるボロ布があれば一気に処分を。ボロ布は後で片づけると出てくるので、玄関にあるものはすべて処分しても大丈夫。最後は玄関の水拭き・から拭きに使うとスッキリします。

□靴べら：普段使っている1本だけ残し、あとはプラスチックや金属など素材別に分別して捨てます。

□古くなった防水スプレーや消臭スプレー：噴射部分が劣化するとさびて危険です。必ず中身を出し切ってから、「キケン」と書いた袋に入れてゴミに出しましょう（お住まいの地域の分別ルールを確認してください）。

玄関・廊下

下駄箱まわりは「ないと困るもの」だけにする

玄関まわりを片づけるコツはただひとつ。

「どうしても玄関にないと困るものだけ置く」です。

鍵や財布など大事なものを下駄箱の上に置く習慣がある人は、それだけ残しましょう。

写真立て、小物、観葉植物などはいったん移動か処分を。

下駄箱の上は、いろいろな**モノとホコリが集まりがちな場所**です。

必要ないモノが置きっぱなしで「ごちゃっとした空間が風景」になりやすいスペースです。**風景になると見慣れてしまってモノだらけの状態に気づかない**ことも……。

「片づけたら置き直そうと思っていたんです。でも、アロマポットは香りがしないし、花瓶はよく見るとうす汚れていたので、結局全部捨てました。何もないってこんなに広々して見えるんだと感動。もう下駄箱の上は何も置きません！」

こんなふうにおっしゃる相談者さんもいました。

やること

□スマホで写真を撮る

画像を見て、客観的に見ていらないモノを判断します。「あとで飾りたいものが出てくるかなと思って、ひとまず全捨てしました。そしたら想像以上にスッキリして快適！　結局、今は何も置いていません」という人も。

□玄関で使っていないモノは移動するか処分する

「置き配になったので、ボールペンとハンコは移動しました」という人も。

捨てるモノ

□ボールペン（置き配になり使わなくなった）

□100円で買ったレインコート（たためずグチャッとなっている）

□エコバッグ（使っているもの以外）

□置物（だいぶ昔にもらったお守り、お土産、香りのしなくなったディフューザーなど）

□今は使っていない運動器具（縄跳び、サッカーボール、ランニンググッズなど）

□自転車用ヘルメット（使っているもの以外。子どもが小さかった頃のモノなど）

壊れたビニール傘、使わない傘はコツコツ処分

環境問題や人手不足などで、粗大ゴミ処分料金も上がっていくはずなので、**今のうちに処分できる傘はすべて処分したほうが得策**です。

折りたたみではない傘は、不燃ゴミに分類されるケースがほとんどですが、本数が多いと粗大ゴミとして有料で処分になるケースもあります。

であれば、1本ずつでもいいので、気づいたタイミングで（住んでいる地域のゴミ出し方法を調べた上で）ゴミに出しましょう。

毎週1本ペースで半年で25本前後。このくらいの数はどのお宅にもあります。

捨てるモノ

- □壊れている、破れている傘
- □サビている、変色している、薄汚れている傘
- □重い、かさばる、たたみにくいなどの理由で使っていない折りたたみ傘

お風呂・洗面台・トイレ

お風呂・洗面台・トイレは、スペースが限られているのと、必要なものがわかりやすいことから、「捨てる練習」に向いている場所です。

タオルは大活躍するので集めておく

第3章でお伝えしたとおり、**いらないタオルには使い道があります**。玄関にある靴クリーム類の処分や古い調味料や食器類の処分など、ほかの部屋でも使えますので、まずは集めましょう。古いタオルだけでなく、使っていないタオルも。

集めるモノ

タオルや古いぞうきん

- □ほつれている、ちょっと臭う、よく見ると黄ばんでいるモノ
- □かさばる、色落ちが心配といった理由で洗濯に困るモノ

お風呂・洗面台・トイレ

捨てるモノ

使わない洗剤・シャンプーや洗顔類

- □あまり落ちない、肌に合わないモノ
- □刺激や香りが強いなど、ストレスのあるモノ
- □あと1回もない（ので、使えない）
- □未使用・未開封の使っていないモノ
- □いつもらったのかわからない試供品

やること

- □中身を出してタオルに染み込ませてゴミ袋に入れる（燃やすゴミに）
- □容器はプラ専用のゴミ袋にまとめて入れて処分（分別は各自治体のルールで）

これをするだけで、タオルと洗剤類が一気に片づくので、とてもスッキリしますよ。

カビが生えたバスグッズは無条件で全捨て

カビは放っておいたら増え続けますので、**今はまだカビていないグッズたちを守るために**も、状態を確認して迷わず処分を。

捨てるモノ

カビが生えているモノ

- □吸盤（どのお宅でも、ほぼ１００％カビで黒ずんでいます）
- □ボディブラシやヘチマのボディスポンジ、タワシなど
- □そのほかのバスグッズ（石けん置きなど）
- □掃除道具
- □バスマット（ボロボロになっている、カビているなど）

今使っているシャンプー、コンディショナー、ボディソープ、ボディタオル、そして

バスタブを洗う洗剤とスポンジを**1種類ずつ残したら**、ほかはすべて処分です。これらは「あと1回あるかないか」状態で放置されがち。微妙なモノは捨てても大丈夫なモノです。

水回りには、できるだけモノを置かないようにしましょう。

カビ対策は健康対策でありお掃除対策でもあることを、ぜひ覚えておいてください。

ホコリをかぶったトイレグッズもお役目終了!

トイレによくある実は使っていない**「置きっぱなしの消耗品」**には要注意です。

捨てるモノ

□中身の入っていない消臭ポット
□使いかけの消臭スプレー（普段使っていない）
□使いかけのトイレ用洗剤（普段使っていない）
□ホコリをかぶっているモノ（使っていない証拠）
□香りがほとんどしないアロマグッズ
□お気に入りではない絵や写真や置物
□トイレカバー
□トイレマット

トイレに飾ってあるものは「きれいに（洗ったり拭いたり）してから置き直しましょう」と依頼者さんにお伝えすると、「（拭くのは）面倒だから処分したらスッキリ！」となり、**ほぼ100％の方が「捨てます」**とおっしゃいます。

トイレカバーやマットも、何カ月も洗わず汚れたままだと逆に不衛生になってしまいますので、使い捨てのものにするか、いっそ使うのをやめることを検討しましょう。

リビング

いよいよ広めのスペースに。広くても収納スペースの少ない場所から始めましょう。捨てることに慣れてきたら、収納スペースが多い場所を片づけます。

リビングのモノは減らしやすい

リビングは押入れやウォークインクローゼット、パントリーではありません。**「整理するのではなく、減らす」が正解**です。

足の踏み場もないほどモノだらけのリビングでも意外とスムーズに片づきます。

この本では「捨てることに慣れる」ため、捨てるモノを意識して作業をするようお伝えしましたが、リビングに関しては例外です。「いるもの」のほうが速く選べます。

普段使っているものが決まっているから、選びやすいのです。

「いるもの」を選ぶ基準は、**「リビングで使っているか」を、パッと見て3秒以内で判断できるか。**

悩んだものは使っていないので、処分するか違う部屋に移動しましょう。

やること

- □リビングのモノを「使っている」「使っていない」で判断。手を止めずに3秒で
- □スマホアプリのメトロノーム（1秒ごとに音が鳴るもの）などを使って、「カチカチカチ」とリズムに乗りながら判断していく
- □スマホのタイマーを使って、時間を決めてやるのもおすすめ
- □いずれも、作業中はスマホの通知をオフにする

反復行動に慣れると作業スピードも上がっていくもの。

3秒でサクサク選べるようになったら、あなたもプロの仲間入りです。

廊下に近いところから、1カ所ずつ

リビングは広いので一気にやろうとせずに、1カ所ずつ終わらせていきましょう。

やり方

- **廊下に近いところからスタート**（廊下側のドアを開けて、リビングの右手前の角から）
- **時計回りか反時計回りに1周する**
- **よくばらずに1カ所ずつ**

これが**基本ルール**です。

リビングに集まったものを元の場所へ戻す

知らないうちに、いろいろな部屋にあったはずのものが集合しているリビング。洋服、タオル、バッグ、帽子、お掃除グッズ、子ども用品、スポーツ用品、食品、小型家電、未開封のティッシュ箱……と数えるとキリがありません。

やること

リビングに「集合したもの」たちを元の場所に戻す

- □衣類はクローゼットに（ソファの上にある洗濯物など）
- □掃除機は収納場所に
- □電気ポットはキッチンに
- □季節外れの家電は押入れに
- □消耗品のストック類を収納庫や押入れに
- □家族のものはそれぞれの部屋に

こんなふうに、元の場所へ戻してあげましょう。

そして、**リビングは毎日必ず使っているものだけ**にします。

これだけでだいぶスッキリします。

「押入れ」はものを押し込んで入れる場所なので、使わないものの待機場所として、最大限活用してください。

リビングの「収納ケース」はすべて移動か処分

大事なことなので何度もお伝えしますが、**リビングは収納部屋ではない**のです。

その証拠に、ほとんどのお宅には作り付けの収納がありません。

注意したいのは、リビングにプラスチックケースやカラーボックスが何個もあるお宅です。収納があるからモノが増え、1個増えるごとに部屋は片づかなくなります。

プラスチックの収納ケースは、知らないうちにどんどん増殖していきます。

モノが多くて困っているお宅には、必ずといっていいほど部屋を埋め尽くすほどのプラスチックのケースが積んであります。

片づけられないのはあなたのせいではなく、リビングになぜかある収納ケースのせいです。プラスチックの収納ケースを「根絶」できれば、リビングは一気に片づきます。

捨てるモノ

- □プラスチックの収納ケース（クローゼットなどに移動できなければ処分）
- □2段以上積み上げたカラーボックス（安全面からも上に乗せたものは処分）
- □100円ショップや300円ショップなどで買ったカゴやケース
- □お菓子の缶や紙袋など（収納に使っている人は特に）

収納ケースの存在が「いらないモノ」の判断を鈍らせてしまいます。

捨てられないと悩んでいる方が、**収納ケースを捨てたとたんに片づけ上手になる**ことがよくあります。

ダイニングテーブルの上のものを元の場所に返す

ダイニングテーブルには、「雑貨」が集まりやすいですよね。テーブルの上は日常的に使うものが多いので、**単純に置く場所に戻せばいい**のです。**捨てる・捨てないの判断はいりません**。

やること

□調味料、文房具、ティッシュ、カップ、ポット、薬、サプリ、コスメ、小銭、レシート、メモ帳、花瓶、書類、勉強道具などを元の場所に戻す（調味料やポットはキッチンへ、薬やコスメは洗面所へ、書類や文具は棚や引き出しへ）

□移動した後に残ったもので不要なモノ（チラシなど）を処分する（考えずに「単純作業」として一気にやってしまう）

テレビのリモコンはリビングで使うものですが、ダイニングテーブルの上に置く必要はありません。ソファ横のサイドテーブルやテレビ台など、「本来置くべき場所」があるはず。

置き場所に迷ったら「家族全員がわかる場所」を定位置にしましょう。

テーブルの上がスッキリするだけで、リビングの印象がガラッと変わります。

家族のモノは「仕分けイベント」化してみんなで作業する

ご家族でお住まいの場合、お父さんの部屋だけ片づいていて、リビングやキッチンは散らかっているお宅をよく目にします。

僕もそうですが、**お父さんは自分の部屋を「聖域」にして趣味のものも整理整頓している方が多い**です。お父さんの部屋だけ散らかっている逆パターンもありますが、前者のほうが圧倒的に多い印象です。

「自分の部屋だけきれいにして、リビングはほったらかしなのね」とイライラするお母さんの顔が思い浮かび、僕も申し訳ない気持ちになります。

リビングは家族みんなが使う場所です。

片づけも**家族一緒に行う「仕分けイベント」にして、みんなで一気に作業したほうが速く進みます**。

やること

- □食事の前など、家族全員でリビングに集合する
- □「1分で10個、自分が使うものだけ選んで自分の部屋に戻そう！」などとゲーム感覚で片づける
- □自分のものを置いていない人は、チラシを捨てる、食事に必要ないものを戻すなど、役割分担してテーブルの上をきれいにする

一気に片づかなくてもＯＫ。夕食前の5分を「戻すゲームの時間」などにすれば、いつか必ずスッキリ片づくはずです。

キッチン

相談者さんの「片づけ方がわからない場所」で多くあがるのがキッチン収納。意外とモノが多い場所なので、リビングの後にやりましょう。あせらず進めていきたい場所です。

賞味期限切れの食品処分で「捨て育」をする

キッチンは、「消費期限や賞味期限の切れた食品」があちこちに隠れている場所。実は、**迷わず捨てられるモノがたくさんある**ということです。

まずは収納棚や引き出しにある乾物類、めん類、お米、小麦粉、お茶の葉など、賞味期限をチェックしましょう。虫がわいていたり、カビていたりしたら、そのスペースにあるモノは丸ごと処分したほうが安心です。

100％ゴミだとわかるモノの処分からスタートすると、自動的に「捨てスイッチ」

が入ってサクサク捨てられるようになります。

捨てる力を育てる**「捨て育」に、キッチンはおすすめの場所**です。

この後紹介する食器などは多少むずかしいかもしれませんが、食品置き場と冷蔵庫は、お宅によっては、玄関・廊下の次にやってもいいかもしれません。

冷蔵庫の古い食品を一掃してカビ&臭い防止を！

冷蔵庫の奥に何が入っているか忘れたまま、新しい食品を買い足している人も少なくありません。すると、腐った食品からカビが生えて繁殖し、他の食品にもうつる可能性があります。考えただけで気持ち悪いですよね。短期集中で一気に処分したいもの。「燃やすごみの日」の前日の夜などにスケジュールしましょう。

捨てる順番は、ドリンクや調味料からスタート。

やること

□醤油、お酢、めんつゆ、ケチャップ、マヨネーズ、粉チーズなど賞味期限が切れているモノは、冷蔵庫や棚の外に出す

□タオルやTシャツに醤油などの液体調味料を染み込ませる（やり方は141ページを参照）

冷凍庫は「忘れられたモノたち」の宝庫

冷蔵庫は整理されていても、**冷凍庫がパンパン**というお宅は多いです。

冷凍庫の中は靴箱と同じように、すべてのものを**指差し確認**しましょう。

奥にあるモノ、**下**にあるモノは要注意！　目に止まらないので、放置されがちです。

保冷剤も冷凍庫にたまりがち。お弁当など必ず使う分を除いてすべて処分しましょう。

僕たちが現場でよく見かけた「捨てるモノ」は次のとおりです。

捨てるモノ

- □「いつ」冷凍したか覚えていないモノ
- □タッパーやジッパー袋に入れた作り置き（いつ作ったかわからず、こわくて解凍できずにいる）
- □ラップに包んである、冷凍ご飯（「残り1個がいつまでも置いてある状態」は要注意）
- □1、2個だけ残っている冷凍食品（買ったときの袋のまま残っているなど）
- □大量の保冷剤（使い道は173ページを参照）

タッパーと水筒は1カ月以内に使ったモノだけ残す

どこのお宅にも、**なぜか〝使えないタッパー〟がたくさんあります**。
まずはここからチェックします。

やること

- □タッパーと水筒をキッチンの真ん中に集める（決まった置き場がなくて、あちこちに置いてあるお宅が多い）
- □タッパーは大小合わせて5個ぐらい、多くても10個以下にする
- □水筒は、家族の人数分に、多くて＋1個ぐらい

捨てるタッパー

- □フタと容器が合わない
- □何かベトベトする

□容器が溶けたり曲がったりしている
□色移りや臭いが残ったまま
□フタを閉めにくい、レンジや食洗機で使えないなど不便だから使っていない

同じく、**“使っていない水筒”もたくさんあります**。

捨てる水筒

□内栓やパッキン、飲み口など、部品が足りなくて使えない
□洗いにくくて茶しぶやドリンクの色が取れない
□容量が大きすぎる（重い）・容量が少なすぎる
□「今はそのキャラクターは好きじゃない」などの理由でもう使っていない

使っている・いないには、はっきりとした理由があります。

理由があるということは、捨てやすいということです。

タッパー類は燃やせるごみへ、ガラスや金属製の容器は不燃ごみか資源ごみに（自治体によって異なりますので、ご確認ください）。ステンレス製の水筒は、メーカーによっては販売店などに「回収ボックス」が置いてあり、回収をしているそうです。他のメーカーの品でもOKという場合も。詳しくはメーカーのホームページなどからお問い合わせを。

未使用の「鍋、フライパン、包丁」もサヨナラ

鍋、フライパン、包丁、ボウルやザルは、割引セールの**セット販売で買っている方がほとんど**ですが、みなさん全部は使いこなせていません。

調理器具の素材は、アルミ、ステンレス、鉄など、**資源ごみとして再利用できるものがほとんど**ですので、環境のためにも手放して、社会で役立ててもらいましょう。

やること

- □シンクやコンロの下にある「置物化した調理器具」（触っていないモノ）を出す
- □セット品があれば、「いつも使っているもの」以外を出す

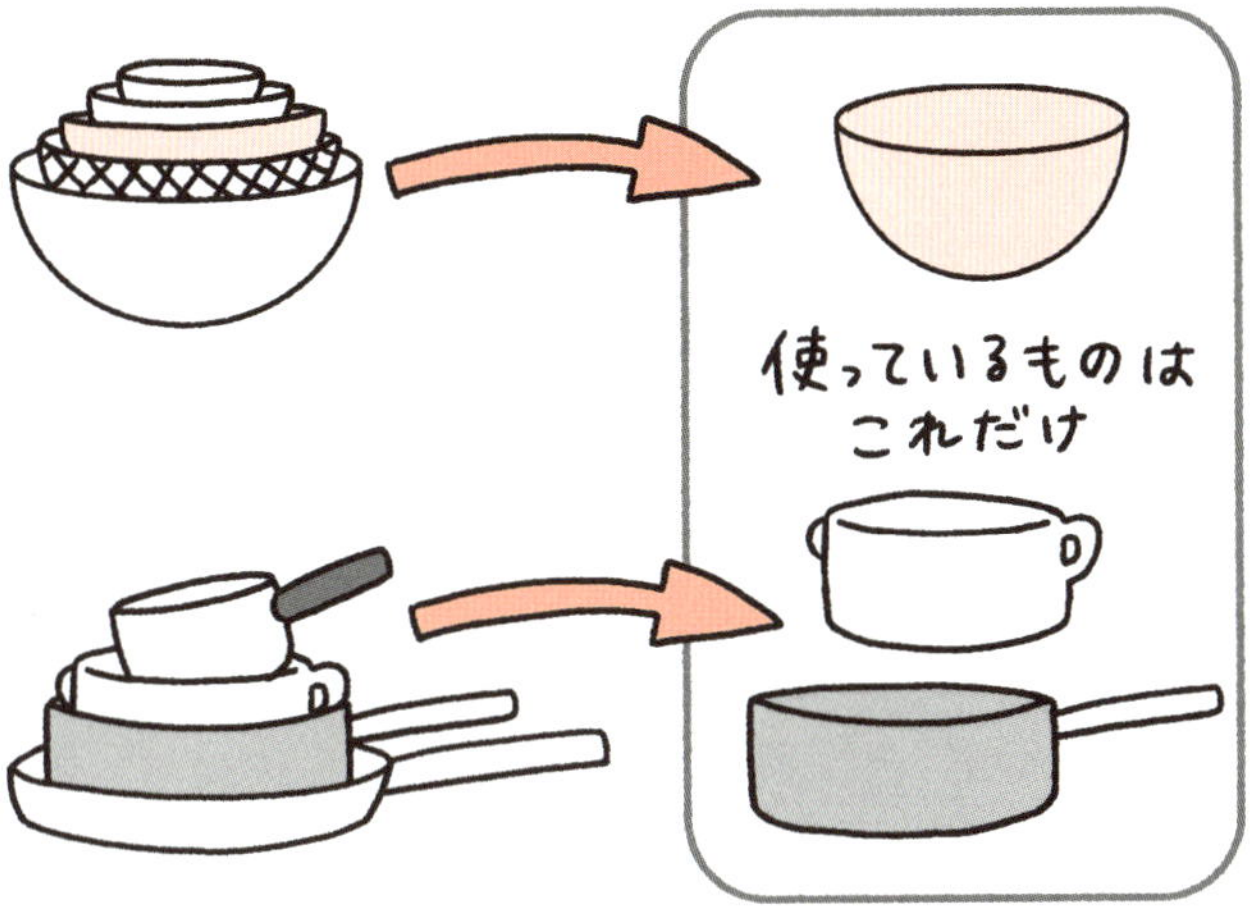

□原則、すべて処分する

包丁やキッチンバサミは、回収する人が知らずに触ると危険です。必ず新聞紙や厚紙で包んで、「キケン」「刃物」などと袋に書いて捨ててください（143ページも参考に）。

毎週水曜が資源ごみの日なら、「火曜日はフライパンのリサイクルデー」などとして、わが家のイベントとして楽しみながらやってみてください。

大きくて重い調理家電を捨てると、精神的にラクになる

第3章でもお伝えしましたが、使い道が限られている、大きくて重い調理家電や器具は、捨てるとスッキリする上位アイテムです。

大きくて重いモノは、場所を取るので、常に目に入ってきたり、動線の邪魔をしていたりと、**日々ストレスを与えているアイテム**でもあります。

やること

- □冷蔵庫やレンジの上に置きっぱなしのモノを集める
  →冷凍効率や機能低下、故障につながることがあるのでいったん撤収
- □置き場がなくて床に直置きのモノを集める
  →調理家電のダンボールは迷わず処分（何度もお伝えしていますが）
- □1年以上使っていないモノを捨てる

ほぼ100％処分するアイテム

□ミキサー・ジューサー（毎朝スムージーを飲む人以外）
□ホットプレート（おでん鍋など、使わないオプション鍋やプレートだけ捨てるのもあり）
□ホームベーカリー、餅つき機（普段使っている人以外）
□圧力鍋（前回使った日を思い出せない場合）
□土鍋（大きいモノ、1人用のモノも使っていないことが多い）
□寿司桶

「長年『使っていないな〜』『もったいないな〜』『どうしようかな〜』と気になっていました。全部処分したら、そうやって気にかけることもなくなったので、精神的にすごくラクになりました。いつもそんなふうに『いらないモノ』のことを考えてストレスを抱えていたのだと、全部捨ててから気づきました」

こんなふうに語る依頼者さんもいます。

「気がかりなこと」が消えるというのは、スペースが広がる以上に幸せなことですよね。

最後の難関、食器棚は「隠れモノ屋敷」

食器は食器棚に収納されているため、いらないモノがたくさん置いてあることに気づきにくい場所です。モノが多いお宅の食器棚は大きいです。全部出してみると、とんでもない数の食器が使われずに入れっぱなしになっています。

一方、普段使っている食器は食洗機やキッチンの水切りカゴにあるなどして、すぐに取り出して使える状態になっています。そう、食器棚には置いていません。

こんなふうに、**食器棚は「いらないモノ置き場」になっている**ことがほとんどです。

食器棚を攻略すると、**捨てる力はものすごくアップします**。

食器棚には、いつか使う「かも」というお客様用のモノや贈答品（結婚式の引出物などでもらったモノ）などが目につきます。

贈答品の食器類は、処分したからといって相手の気持ちまで捨てるわけではありませ

ん。大切なのは「いただいた」という感謝の気持ちです。

婚礼家具として買った大きな食器棚も、子育てが終わると7、8割の食器が不要になるので、**食器棚自体を処分される方がとても多い**です。

なぜなら、食器を減らすと「そもそも、こんな大きい食器棚いる？」と疑問に思って処分したくなるから。

「食器棚を捨てたら、気持ちが前向きになりました」

先ほどの重い調理家電と同じく、食器棚を捨てただけなのに、心まで軽くなったという方を何人も見てきました。

食器棚は毎日見るところでもあります。そういう場所にある**「無意識にたまったストレス」が取り除かれると、気持ちも一気に解放される**のかもしれません。

食器は「5→3」作戦で

ご家族で住んでいる（住んでいた）依頼者さんのお宅にはたいてい大量の食器がありますが、大量の食器が存在することさえ、ほとんどの人は忘れています。「捨てるか、捨てないか」を決めるのは、慣れないうちはしんどいかもしれません。そんなときにおすすめなのが、**数を減らす作戦**です。

やること

□同じ食器は、家族の人数分、心配な人は割れたときのためにプラス1枚（個）だけ取っておく→最初に数だけ決めておく。家族3人なら「3（か4）」に設定

□何も考えずに「3」以上は捨てる
→「これは2枚でいいかな？」「これは4個あってもいいかな？」などと思ったとしても、まずは「3」でやり切る

□比較的新品のものを3枚選んで、あとは処分

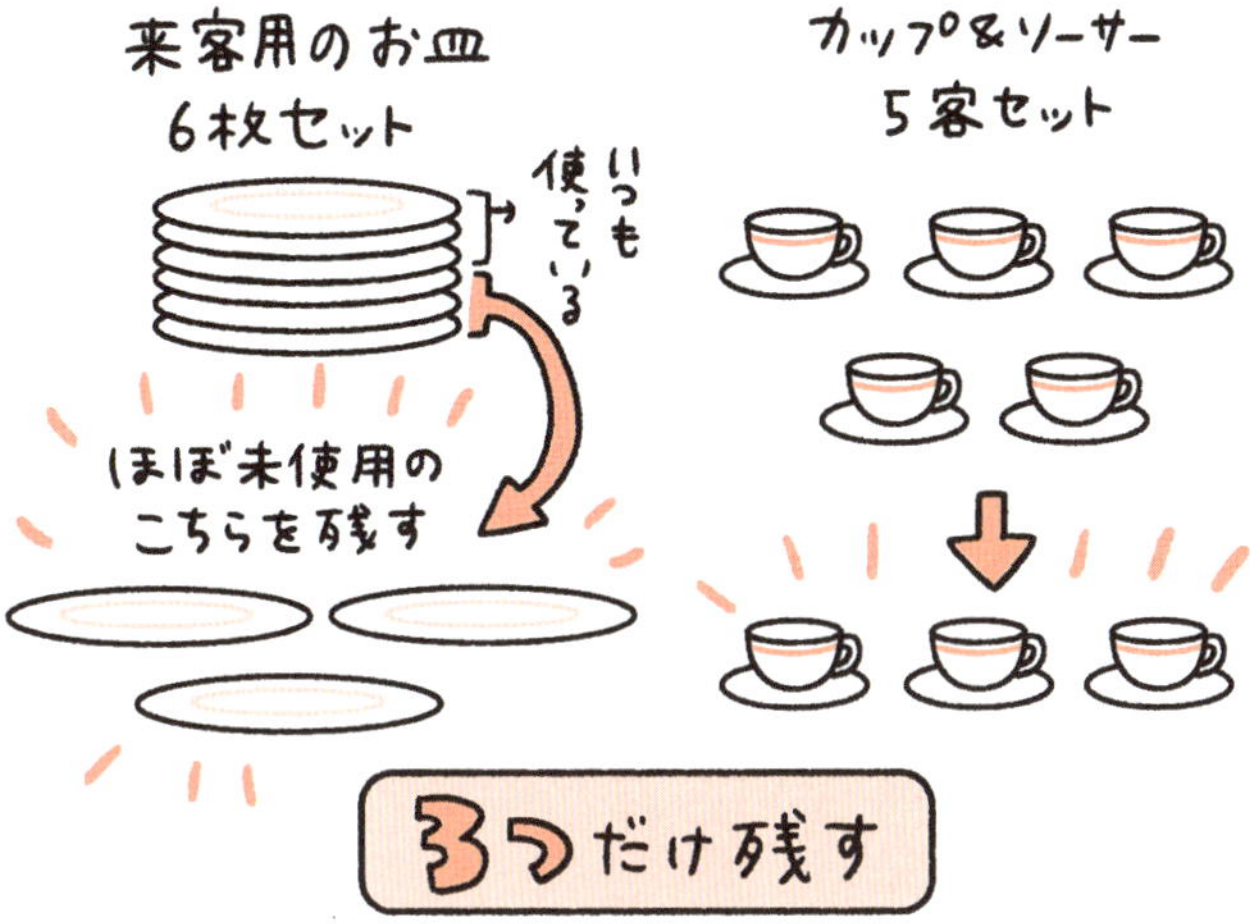

□スプーン、フォーク、ナイフなどカトラリーも同じように減らす

「捨てるのではなく、減らすのだ」と思うと、勢いよくできるという人は多いです。

この「5→3」作戦を実行するだけで、食器の総量の1／3〜半分は減らせます。食器に限らず、**お弁当箱や水筒、バスタオルなどにもこの方法が使えます**。

「5→3」作戦のいいところは、**考えずにできる**ことです。

「やっぱりこの小皿好きだし」などと悩む必要がありません。とりあえず**量を減らしていくだけ**なのですから。

クローゼット、押入れ、ベランダ

「片づけは収納から」という本もありますが、モノが多いお宅では収納は難易度が高いので最後にしましょう。資源ごみや粗大ごみの日を確認してから始めます。

服は「よく着る理由」で決める

洋服をどんなにたくさん持っている人でも、**「よく着る服を10着だけ選んでください」と言われたら10分以内で選び出せる**はずです。依頼者さんも、着る服をパパッと選んだら、ほかはまとめて処分されることがよくあります。

服の優先順位は、**「着る頻度の高さ」で考える**のがポイントです。「よく着る理由」を思い出すと、買ったときの値段やデザインではないことに気づくでしょう。

一方、捨てる服の基準は「着てみてどう思うか」。少しでも迷ったら、その場で着てみましょう。かつては似合った服でも、今はしっくりこないと思ってごっそり捨てた依頼者さんは結構います。悩まずに**次々と試着しては捨てる**、がおすすめです。

やること

いつも着ている服（今週着た服）を選んで並べる

□「よく着る理由」を思い出す（この後の捨てる作業のヒントになる）

□「似合っているね」と言われた

□肌ざわりや着心地がいい

□動きやすい

□シワになりにくい、洗濯しやすい

□やせて見える、スタイルよく見える、若く見える

□着回しがきく

捨てる服

さきほどの「よく着る理由」の反対の服を処分

□着てみたら「今は似合っていない」と感じた

□チクチクする

□動きにくい、きゅうくつ
□シワになりやすい、洗濯が面倒
□太って見える、スタイルが悪く見える、老けて見える
□着回しがきかず、コーディネートできない

どうしても捨てられない服があれば、取りあえず1年だけ保管を。1年たっても着なければ「やっぱりいらない」とあきらめがつきます。
51ページでも服の捨て方を紹介しているので、こちらもチェックを。

決まって処分するモノTOP5

どのお宅からも大量に出てきて、「いらないから捨ててください」と言われるモノは決まっています。そこで、**決まって処分するモノTOP5**をリストアップしました。

安く手に入れた（あるいはもらった）モノほど、不要品の可能性大です。

たくさんあるモノは、全部捨てても困りません。なぜならまたどこかから入ってくる

から。逆に言えば、どんどん捨てていかないと増えていく一方なのです。
一つひとつはかさばるものではありませんが、全部なくなると引き出しや棚が想像以上にスッキリするので、ぜひやってみてください。

捨てるモノ

- □1年以上使っていない新品のストッキング（床や引き出しのホコリを取って、そのままゴミ袋へ）
- □ナイロンのエコバック（使っているもの以外は処分を）
- □もこもこの靴下、レッグウォーマー、ルームシューズ（お気に入り以外）
- □ポーチ類（付録、ノベルティ系、100円ショップなどのモノ）
- □矯正下着（きつすぎて結局着ないという人がほとんど）

押入れ収納は不要なモノが9割

押入れや部屋の奥にある備え付けの収納スペースは、飲料やティッシュペーパーなどのストック類や季節家電、アウトドア用品など、本来は**「今使わない（けれど後で必ず使う）」ものを収納する場所**です。

ところが、ほとんどのお宅では、押入れは不用品置き場になっています。

1万軒以上のお宅を見てきた感覚でいうと、**押入れの9割のモノは処分できます。**

捨てるモノ

9割捨てられるという意識でチェックする

- □来客用のモノ（使っていない座布団と布団）
- □今は使っていないモノ（ステッパーなどの健康器具、家電、ワープロ、プリンター、旧式の掃除機）
- □もはや使わなくなった季節家電（湯たんぽ、ヒーター、扇風機、うちわ）
- □存在すら忘れていたモノ（贈答品、石鹸やタオルなど）
- □置き場がわからないモノ（こまごましたモノ、使っていない花瓶・剣山）
- □紙袋（ブランドのものだけど、古すぎて色あせしたり、底が取れそうになったりしている）

次にやること

□廊下やリビングに出しっぱなしにしていた「在庫（今は使わないけれど、後で必ず使うもの）」を移動する（ティッシュペーパー、トイレットペーパーなど）

押入れの不用品を9割捨てた後には、リビングや廊下に置き去りになっていた**「本来しまうべきもの」がぴったり入る**ので、毎回感動します。まさにお部屋の**シンデレラフィット**です。

ベランダ片づけは、ほぼ「全捨て」

外に置いたモノは必ず劣化しますし、鳥のフンがこびりついたり、虫も繁殖したりしやすいので、**ベランダにはモノを置かないことが基本**です。

捨てるモノ

- □ダンボール（ゴキブリの卵が底についている可能性大）
- □プラスチック製のモノ（ボロボロに劣化しているモノ）
- □さびているモノ（鉄やアルミのモノ）
- □使っていない、土が入ったままの植木鉢（ゴキブリや虫が大量発生しやすい）
- □壊れて放置しているモノ
- □ハンガー（針金やプラスチックのモノ）
- □汚れたサンダル（ボロボロになっているモノ）

ベランダに置いてあるモノはほぼ「全捨て」になります。

いる・いらないを考えなくていいのはベランダの良いところですが、処分しにくいモノが多いため、片づけに困っている場所でもあります。

イーブイのような専門業者にベランダの片づけ依頼が多いのは、処分するモノの種類、大きさ、分別方法がバラバラで、汚れてしまったモノも多いからでしょう。

業者に頼むとお金がかかりますから、自分で処分する場合はケガや汚れを防ぐために必ず軍手やマスクをして、一つひとつ分別しながら捨ててください。

ベランダの片づけは、長期戦になると覚悟し、あせらずやっていきましょう。

長い時間をかけてコツコツやっていくといいことがあります。

それは、すべて処分し終わったときに「ベランダには今後一切何も置かない！」という強い気持ちになれることです。

ベランダの片づけをするだけで、みなさんの捨てる力は驚くほどパワーアップするはずです。

［著者］
二見文直（ふたみ・ふみなお）
株式会社ウインドクリエイティブ代表取締役。YouTubeチャンネル「イーブイ片付けチャンネル」運営者。1984年大阪府生まれ。一般社団法人遺品整理士認定協会認定遺品整理士。生前整理技能Pro1級。

2010年よりリサイクル販売業界に携わり、2014年に独立。単なる不用品回収ではなく、お客様が笑顔で穏やかな生活に戻れるよう、丁寧で気持ちの良いサービスを目指し、2015年に「イーブイ（屋号）」を立ち上げる。2016年には株式会社ウインドクリエイティブを設立し、代表取締役に就任。関西を中心に不用品回収、ゴミ屋敷の片づけ、遺品整理などのサービスを提供している。

月平均130軒以上のお宅を訪問し、これまで1万件以上の片づけを経験。年間約5000件以上の相談を受け、のべ4万件を超える全国からの「片づけられない」悩みと向き合ってきた。

2016年にスタートしたYouTubeチャンネル「イーブイ片付けチャンネル」は、登録者数16万人、総再生数7500万回を突破（2024年12月現在）。片づけに悩む人々に寄り添う姿が共感を呼び、多くの視聴者から支持されている。「イーブイ片付けチャンネル」で得た収益の一部は関西盲導犬協会（本書で得た収益の一部も同協会に寄付）に、メディア出演などで得た収益の一部は大阪市港区の児童養護施設に寄付している。

本書が初めての著書となる。

1万軒以上片づけたプロが伝えたい捨てるコツ

2024年12月3日　第1刷発行
2024年12月18日　第2刷発行

著　者――二見文直
発行所――ダイヤモンド社
〒150-8409　東京都渋谷区神宮前6-12-17
https://www.diamond.co.jp/
電話／03･5778･7235（編集）　03･5778･7240（販売）

カバー／本文デザイン―上坊菜々子
本文DTP――桜井 淳
イラスト――ヤマサキミノリ
編集協力――樺山美夏
校正――ダブルウイング
製作進行――ダイヤモンド・グラフィック社
印刷／製本――勇進印刷
編集担当――和田史子

ISBN 978-4-478-11636-4